LANGUE FRANÇAISE 153, mars 2007 : Le classement syntactico-sémantique des verbes français.

La composition de ce numéro a été confiée à
Jacques François, Denis Le Pesant, Danielle Leeman.

SOMMAIRE

Jacques François
Université de Caen & CRISCO, CNRS
Denis Le Pesant
MoDyCo (CNRS : UMR 7114)
Université Lille 3 & SELOEN (JE 2498)
Danielle Leeman
Université Paris 10 & MoDyCo (CNRS : UMR 7114)

Présentation de la classification des *Verbes Français* de Jean Dubois et Françoise Dubois-Charlier

Les *Verbes français* est une version réduite, en version papier, d'un diction-naire électronique des verbes français[1] (cf. le site WEB du laboratoire MoDyCo, UMR 7114, CNRS & Université de Paris X Nanterre). Les *Verbes français* (désormais *LVF*) est un thésaurus de classes syntactico-sémantiques, c'est-à-dire de classes sémantiques définies par la syntaxe. Pour l'élaborer, les auteurs ont utilisé « les méthodes classiques de la grammaire distribution-nelle et transformationnelle » (*LVF* p. III). Après avoir présenté et illustré la forme générale de l'ouvrage, nous évoquerons les principes théoriques qui l'inspirent. La troisième section de l'article décrira la méthode de construction de la classification. Dans la dernière section, nous présenterons deux modes possibles d'accès aux entrées de cette ressource lexicale exceptionnelle.

I. VUE D'ENSEMBLE SUR *LES VERBES FRANÇAIS*

I.I. Quelques chiffres

Au total, le dictionnaire de Dubois & Dubois-Charlier (1997) enregistre 25 610 entrées. Les verbes représentés sont au nombre de 12 310. Un tiers d'entre eux font l'objet de plusieurs entrées. Il y a 290 verbes qui ont 10 entrées ou plus – un cas extrême : le verbe *passer* est dégroupé en 61 entrées.

I.2. Les objectifs et la méthode

Les auteurs présentent leurs objectifs et leur méthode de la façon suivante (*LVF* pp. III & V ; nous avons respecté la typographie originale) :

---

[1]. La version électronique comporte certains champs (domaine conceptuel, modèle de conju-gaison, etc.) qui ont été omis dans la version papier faute de place.

(1)a « La **classification syntaxique des verbes français** repose sur l'hypothèse qu'il y a **adéquation** entre les schèmes syntaxiques de la langue et l'interprétation sémantique qu'en font les locuteurs de cette langue (…).

(1)b Le schème syntaxique est défini, d'une part, par la nature des constituants de la phrase, leurs propriétés et leurs relations, et, d'autre part, par les mots du lexique qui entrent dans les types de constituants définis (…).

(1)c L'objet est donc de faire **l'inventaire le plus complet possible de ces schèmes syntaxiques,** selon les méthodes classiques de la grammaire distributionnelle et transformationnelle, et selon les différences des paradigmes lexicaux constatées entre les schèmes syntaxiques (…).

(1)d Une fois l'inventaire réalisé, on a établi une classification visant à tenir compte de l'**adéquation entre la syntaxe et l'interprétation sémantique**, elle-même réalisée par un schéma syntactico-sémantique, donné sous la rubrique "**opérateur**" qui, dans son classifieur initial, renvoie au verbe de base (…) ».

Afin de donner une idée simple de la procédure dans son ensemble, prenons l'exemple du verbe *couver*, d'après D. Leeman (2006 : 17). Il entre dans deux constructions : transitive (*la poule couve trois œufs ; les parents couvent leur enfant*), et intransitive (*la guerre couve entre les deux pays ; l'épidémie couve depuis longtemps*). Les arguments du verbe *couver* sont nominaux (on n'a pas de complétive ou d'infinitif sujet ou complément), mais la sélection diffère, par exemple pour le sujet : nom de volatile uniquement dans le premier cas (*la poule*), nom humain dans le second (*les parents*) ; nom d'événement dans le troisième (*la guerre*). Selon les emplois précédemment définis, les phrases diffèrent par leurs propriétés syntaxiques. Ainsi le complément est supprimable dans la *poule couve (trois œufs, 0)* mais non dans **les parents couvent*. Le participe passé peut avoir un statut adjectival dans le second cas : *l'enfant est très/trop couvé (par ses parents, 0)*, mais non dans le premier : **les œufs sont très/trop couvés par la poule*. L'ajout d'un complément locatif est possible avec *la poule couve trois œufs (dans le grenier, 0)* mais non pour **les parents couvent leur enfant dans l'appartement*. Chacun de ces emplois est rapproché de ceux d'autres verbes présentant les mêmes particularités formelles. C'est ainsi que, dans *LVF*, l'emploi *couver 01* est rapproché, au sein de la catégorie L1a, d'autres verbes de position sélectionnant un sujet nom de volatile : *airer* (aigle), *remiser 01* (faisan), *brancher 06, percher 01, jucher 01, nidifier, nicher 01* ; il se distingue évidemment au sein de cette catégorie par le fait d'être un verbe transitif à complément nom d'*œuf* effaçable. Quant à l'emploi *couver 02*, il est rapproché (au sein de la catégorie P1j des verbes psychologiques) de verbes tels que *materner, choyer, chouchouter*. L'emploi *couver 04* figure dans *LVF* dans la catégorie des verbes d'état physique H4a, à côté de *sommeiller 02*. *LVF* distingue en outre deux autres emplois de *couver* : *couver 03* (*couver un rhume*) et *couver 05* (*couver sa vengeance secrètement*).

I.3. Le plan de l'ouvrage

La classification des *Verbes Français* comporte trois parties : une introduction (paginée en chiffres romains de III à XXI), la classification elle-même, divisée en 14 chapitres décrivant chacun une classe sémantico-syntaxique de verbes (pp. 2 à 405), et un index alphabétique des entrées verbales (pp. 406 à 458) :

C1 s'exprimer par un son, une parole	D1 donner qn à qn/qc	E1 (faire) sortir/venir de qp ou aller qp, sujet hum
C2 dire/demander qc	D2 donner qc à qn/qc	E2 figuré de E1
C3 montrer qc	D3 figuré de D2	E3 (faire) sortir/venir de qp ou aller qp, sujet non-animé
C4 figuré de C1 et C2		E4 figuré de E3

F1 frapper ou toucher qn	H1 être/mettre qn dans état physique	L1 être ou mettre qn qp
F2 figuré de F1	H2 avoir tel comportement, activité	L2 figuré de L1
F3 frapper ou toucher qc	H3 être/mettre qc dans tel état	L3 être ou mettre qc qp
F4 figuré de F3	H4 figuré de H3	L4 figuré de L3

M1 faire/imprimer mouvement, hum	N1 munir/démunir qn de qc	P1 avoir tel sentiment, telle pensée
M2 figuré de	N2 figuré de N1	P2 faire avoir tel sentiment
M3 faire/imprimer mouvement, non-animé	N3 munir/démunir qc de qc	P3 manifester telle pensée sur qn/qc
M4 figuré de M3	N4 figuré de N3	

R1 mettre en état le corps de qn	S1 saisir, arrêter, serrer qn	T1 lier, unir qn à ; détacher qn de
R2 créer qn, un personnage	S2 prendre, choisir, abandonner qn	T2 figuré de T1
R3 fabriquer qc, mettre qc en un certain état	S3 saisir, garder qc ; tordre, tirer qc	T3 lier, unir qc à ; détacher qc de
R4 figuré de R3	S4 figuré de S3	T4 figuré de T3

U1 lier/unir qn à ; détacher qn de	X1 auxiliaires, semi-aux., modaux
U2 figuré de U1	X2 impersonnels
U3 lier/unir qc à ; détacher qc de	X3 existence
U4 figuré de U3	X4 inchoatifs, résultatifs

1.4. La hiérarchie des classes

La hiérarchie des classes a 5 niveaux. Les voici, dans l'ordre descendant.

1.4.1. Niveau 5 : les Classes génériques

Au niveau le plus général de la classification, on trouve les classes dites *génériques*, codées au moyen d'une lettre majuscule, telle « C » pour « communication ». Comment chaque classe générique est-elle définie ? Il faut dire d'abord que chaque entrée verbale est définie par un ***schéma syntactico-sémantique***, codé par une suite de caractères alphabétique appelée *opérateur* (ex. *ict qn D enfer*)[2], qui synthétise l'ensemble des propriétés de chaque verbe (cf. citation (1)d *supra*). C'est par des regroupements successifs d'*opérateurs* semblables que sont construites les différentes catégories syntactico-sémantiques. Les

---

2. Littéralement « frapper qn de l'enfer » : opérateur de l'entrée *damner 01*.

classes génériques sont donc définies chacune par un ensemble d'*opérateurs*. Par exemple, la classe F (verbes d'agression et de contact) est définie par le fait qu'elle rassemble les 1 727 verbes ayant un *opérateur* comportant les radicaux *ict* (frapper) et *tact* (toucher) – sur les *opérateurs* cf. Partie 3, sections 3.4 et 3.5 ci-après. On a 14 **classes génériques** :

C	communication,		N	munir, démunir
D	don, privation		P	verbes psychologiques
E	entrée, sortie		R	réalisation, mise en état
F	frapper, toucher		S	saisir, serrer, posséder
H	états physiques et comportements		T	transformation, changement
L	locatif		U	union, réunion
M	mouvement sur place		X	verbes auxiliaires

1.4.2. Niveau 4 : les Classes sémantico-syntaxiques

Les classes génériques sont subdivisées en **classes sémantico-syntaxiques,** codées par un chiffre, comme dans C1. Il y en a en tout 54. Un principe commun de répartition des 54 classes sémantico-syntaxiques s'applique à la plupart des classes génériques :

I. la première classe a un sujet humain en construction intransitive, transitive indirecte ou pronominale, ou un objet humain en construction transitive, et l'emploi n'est pas figuré, ce qui correspond grossièrement à une sous-catégorisation concrète (animée ou pas) de cet actant ;

II. la seconde se distingue de la première par un emploi figuré ;

III. la troisième se distingue de la première par un actant non animé en sujet ou objet selon la construction ;

IV. et la quatrième se distingue de la troisième par un emploi figuré.

Cependant quatre classes génériques échappent à cette répartition canonique : ce sont les classes 'C' (communication), 'D' (don, aide et obtention), 'P' (entrées verbales de cognition et de sentiment) et 'X' (auxiliaires et entrées apparentées). Dans la classe 'C', trois sens sont distingués, dont deux donnent lieu à emploi figuré en C4. La classe 'D' conserve dans une certaine mesure la distinction entre un objet humain (ou abstrait : « une aide ») en D1 et un objet inanimé en D2, mais seule la classe D2 donne matière à emploi figuré en D3. La classe P n'a pas de classe sémantico-syntaxique figurée, P2 étant le factitif de P1 et P3 étant tourné vers un observateur (comme auparavant C3). Enfin les quatre classes sémantico-syntaxiques de **X...a** ont une base essentiellement syntaxique. La classe X2a des « impersonnels » (43 entrées) rassemble des entrées avec complétive sujet, conjonctive ou infinitive, tandis que X3a rassemble des entrées d'existence, éventuellement impersonnelles, ce qui permet de comprendre que **trouver 18(s)** (ex. *Il se t~ que je l'avais déjà lu*) relève de X2a, alors que **trouver 15(s)** (ex. *Il se t~ des gens pour critiquer*) relève de X3a.

classe E, F, H, L, M, N, R, S, T, U :	classe C (communication)	classe D (donner)
I : humain ou animal propre.	**I** : humain, animal (*crier, parler*).	**I** : humain.
2 : humain figuré.	**2** : humain (*dire qc*).	**2** : non-humain propre.
3 : non-animé propre.	**3** : humain (*montrer*).	**3** : non-humain figuré.
4 : non-animé figuré.	**4** : figuré.	

classe X (auxiliaires)	classe P (psychologique)
I : auxiliaires temporels ou aspectuels.	**I** : sujet humain.
2 : impersonnels.	**2** : objet humain.
3 : synonymes de *être* + temps, lieu.	**3** : objet humain ou non-animé.
4 : *finir* et *commencer*.	

1.4.3. Niveau 3 : les Sous-classes syntaxiques

Les **sous-classes syntaxiques**, au nombre de 248 en tout, sont codées par une lettre minuscule, comme dans C1**a**. Chaque sous-classe syntaxique est définie par un sous-ensemble de la classe des *opérateurs* définitoires de la *classe générique* qui l'englobe. Ainsi la classe F (comme « frapper »), rassemblée sur la base des schèmes interprétés par les opérateurs *ict* (frapper) et *tact* (toucher), se décline en quatre sous-classes, selon que l'objet est *quelqu'un* (sens concret F1, sens figuré : F2) ou *quelque chose* (sens concret F3, sens figuré F4).

1.4.4. Niveau 2 : les Sous-Types syntaxiques

Dans chaque *sous-classe syntaxique* telle que précédemment définie, sont ou peuvent être distingués des **sous-types syntaxiques** en fonction des spécifications associées à *l'opérateur*. Ainsi dans la *sous-classe* F1 (définie par un opérateur à radical « *ict* » et à suffixe « *qn* », c'est-à-dire « frapper quelqu'un, un animal »), on a les deux *sous-types syntaxiques* **1.** transitif direct (*ict qn* : *assommer, battre, bousculer…*) et **2.** pronominal à complément prépositionnel introduit par *avec* (*ict mutuel AV qn* : *se bagarrer, se bastonner, se battre…*). Le codage des **constructions** (ou **schèmes de construction syntaxique**) comporte une association de lettres et de chiffres entre crochets, selon des conventions qui sont présentées ci-dessous au § 3.1. Par exemple, dans le *Sous-type 1* de F1, le codage [T1100] signifie « verbe transitif direct à sujet et à objet animé » (cf. p.8).

1.4.5. Niveau 1 : les Variantes syntaxiques

Quand un *sous-type syntaxique* comporte plusieurs *schèmes de construction syntaxique*, chaque schème de construction syntaxique définit une **variante syntaxique**. Par exemple, le Sous-type 1 de F1a est subdivisé en 9 *variantes syntaxiques*, définies respectivement par les *schèmes de construction syntaxique* [T1100], [T2100], [T2200], [T1101], [T1106], [T1206], [T1108], [T1208], et [P1100]. Chaque emploi n'occupe qu'une ligne, d'où les abréviations, le caractère concis des exemples et le fait que toutes les propriétés justifiant le rassemblement ne sont pas explicitement énumérées. La première colonne annonce le verbe dans l'emploi concerné, la deuxième est consacrée à la rubrique

Classe FI : « frapper qn », sous-classes FIa à FIe ; « toucher qn », sous-classe FIf.

FIa (177 entrées)

On trouve là les verbes transitifs ou pronominaux de type « frapper qn, animal, se battre », répartis en deux sous-types :
1– « frapper qn, animal », *on rosse Paul, on bat son chien* ;
2– « se battre avec qn », *Jean se bat avec Paul.*

Les deux sous-types :

1– *on rosse Paul,* sujet et objet direct humain [T1100] ; sujet animal et objet direct humain [T2100] ; sujet et objet direct animal [T2200], *les chiens pillent le gibier* ; avec locatif [T1101], *le catcheur terrasse Paul sur le ring* ; manière intégrée [T1106], *Jean martyrise Paul* (= frapper avec violence) ; objet direct animal et manière [T1206], *les enfants martyrisent le chat* ; instrumental intégré à la forme du verbe [T1108], *on cravache Paul* (= frappe avec une cravache) ; objet direct animal et instrumental [T1208], *le cavalier éperonne son cheval* (= frappe avec éperons) ; pronominaux objet direct humain [P1100], *on se paye Paul à la sortie du bal.*

objet direct humain [T1100]

assommer 02	ict qn pr étourdir	étourdir		On a~son agresseur d'un coup de poing. On est a~.	
avoiner	ict qn p violence	battre, assaisonner		On a~P à grands coups de bâton.	
battre 01	ict qn p violence	frapper		On b~P, un chien avec un fouet.	-oir

etc.

sujet animal [T2100]

encorner	(bovin)ict qn corne	frapper de la corne		Le taureau a e~ le torero.	-ure

[…]

2– *Jean se bat avec Paul, tous deux se battent à la sortie du bal,* pronominaux à pluriel réciproque [P10c0] ; sujet animal [P20c0], *le fox-terrier se pille avec le dogue*
sujet humain [P10c0]

affronter 05(s)	ict mutuel AV qn	se battre, se mesurer av		On s'a~ avec une autre bande dans la rue.	-ment
aligner 06(s)	ict mutuel AV qn	se battre, s'affronter		On peut s'a~ avec P, on sera vaincu.	
bagarrer 02(s)	ict mutuel AV qn	se battre, se bastonner		On se b~ avec P à la sortie du bal.	-eur

[…]

OPÉRATEUR. La troisième colonne fournit le SENS de l'emploi concerné. Cette rubrique, écrivent les auteurs (page VIII) « contient les *parasynonymes* ou les formes abrégées de *définitions* qui éclairent éventuellement le sens de l'entrée ». La rubrique suivante, PHRASE, « contient une ou plusieurs phrases simples qui réalisent en langue les schèmes syntaxiques donnés par les constructions et les opérateurs » (*LVF* page VIII). Quant à la rubrique DÉRIVATION, elle signale l'existence d'*adjectifs verbaux* et de *dérivés nominaux* (cf. *infra* § 3.3.1).

2. LES PRINCIPES THÉORIQUES

Nous avons déjà cité le passage de l'introduction dans lequel Jean Dubois et Françoise Dubois-Charlier déclarent appliquer les « méthodes classiques de la grammaire distributionnelle et transformationnelle ». Quel type de grammaire plus précisément ? La réponse se trouve dans le petit texte de remerciements, où les auteurs, avant de rendre hommage à leurs collaborateurs pour la réalisation d'autres dictionnaires, mettent fortement l'accent sur tout ce qu'ils doivent au LADL :

> « Nous tenons à remercier ici les membres du LADL (CNRS) de Maurice Gross et, en particulier, Alain Guillet, à qui cet ouvrage doit beaucoup, ainsi que nos collaborateurs des dictionnaires Larousse, qui ont participé avec nous à la rédaction du *Dictionnaire du français contemporain* (DFC), du *Lexis*, des *Dictionnaires du français langue étrangère*, de la partie langue du *Grand Dictionnaire Encyclopédique Larousse* (GDEL) ». (page II)

Si la présentation des données dans *LVF* est différente de celle des dictionnaires du LADL[3], et si ces derniers sont d'une bien moindre précision en ce qui concerne la description du sens, il n'en reste pas moins que *LVF* est un *lexique-grammaire* proche de ceux de Maurice Gross et de son équipe et, en deçà, de Zellig Harris.

2.1. Un lexique-grammaire de phrases élémentaires

Comme les lexiques-grammaires du LADL, celui de Dubois et Dubois-Charlier est un dictionnaire de phrases élémentaires, chaque entrée étant représentée par le verbe qui constitue le prédicat de la phrase. Voici les principaux types de propriétés du verbe ou, si l'on préfère, de la phrase élémentaire :

• le nombre et la nature (en particulier prépositionnelle) des compléments : absence d'objet, 1 objet (N1, *à* N1, *de* N1 etc.), 2 objets (N1 N2, N1 *à* N2, N1 *de* N2, *à* N1 *de* N2 etc.), 3 objets ;

• la présence éventuelle d'une complétive à l'indicatif, au subjonctif, à l'infinitif, interrogative indirecte ;

• les *variantes paraphrastiques* dites aussi *transformations* : transformations de passivation en *par* ou en *de*, formes impersonnelles, réfléchies, etc., et variantes syntaxiques que Guillet & Leclère (1981) appellent *restructurations* (cf. infra § 3.2). Chaque entrée verbale est une classe d'équivalence dont les éléments sont les variantes paraphrastiques de la phrase dont le verbe est l'expansion.

2.2. L'adéquation entre la syntaxe et l'interprétation sémantique

Rappelons que *Les Verbes français* « repose sur l'hypothèse qu'il y a adéquation entre les schèmes syntaxiques de la langue et l'interprétation sémantique qu'en font les locuteurs » (cf. supra § 1.2). On retrouve là le principe fondamental des grammaires de Zellig Harris (cf. entre autres Harris 1971 : 229-236 & Harris 1988 : 57-65) : les *mots* véhiculent (« carry ») du *sens* (« meaning »), les *phrases* véhiculent de l'*information* (« information »). Harris (1990 : 19) écrit : « La grammaire des opérateurs révèle une relation plus fine entre la structure d'une phrase et son contenu informatif (...). La base de cela est dans le fait de spécifier et d'ordonner les événements linguistiques non équiprobables. Certaines

---

3. Voir, entre autres, M. Gross (1975) ; M. Gross (1986) ; Boons, Guillet & Leclère (1976) ; Giry-Schneider (1987) ; Guillet & Leclère (1992).

de ces ruptures d'équiprobabilité, qui donnent lieu à des structures, sont porteuses d'information (dans un sens apparenté à celui de la théorie mathématique de l'information) ». L'essentiel de la sémantique des grammaires de Harris est bien résumé dans ce passage de Harris (1971 : 230) : « Il existe une corrélation entre structure et signification. Chaque sous-classe de mots comprenant un opérateur ou une classe d'arguments particuliers possède un type de signification correspondant aux relations syntaxiques : modalités dans φ_v (i.e. les opérateurs portant sur le verbe), connaissance, sentiments, etc. dans φ_s (i.e. les opérateurs portant sur les phrases) etc. [...]. C'est pourquoi presque tout ce qu'on peut dire de la signification d'une phrase peut être obtenu directement à partir des significations et des positions occupées par les opérateurs et les phrases élémentaires. Aussi est-il très peu besoin d'ajouter à cette théorie des transformations de base une théorie sémantique ». C'est du reste la corrélation entre syntaxe et information qui légitime les *tests d'acceptabilité* et les *transformations*, qui consistent à mettre en relation des structures syntaxiques différentes, mais pourvues d'un *invariant sémantique*. Pour d'autres informations sur la question du sens chez Z. Harris, on se reportera à D. Leeman (1996).

Maurice Gross développe les mêmes idées dans *Les bases empiriques de la notion de prédicat sémantique* (M. Gross, 1981 : 9-11 & 19-21). La plupart des langages formels empruntés par les linguistes à la logique et à l'informatique consistent à associer un ensemble *Sy* de formes syntaxiques (par exemple la composition de N_0 *apprécie* N_1 et N_1 *travaille* qui donne N_0 *apprécie le travail de* N_1 et N_0 *apprécie* N_1 *dans* $Poss^1$ *travail*) à un ensemble *Se* d'élément de sens, par exemple la composition des deux prédicats sémantiques *Apprécier (p, q)* et *Travailler (r)*. Cela suggère, selon Maurice Gross, « l'existence d'un morphisme entre *Sy* et *Se*, c'est-à-dire d'une redondance importante entre les deux ensembles, au point que l'on peut penser que l'un deux pourrait être inutile (...). La description sémantique consisterait donc à décomposer les phrases complexes en phrases simples de base, elle ne différerait donc guère de la description syntaxique. Cette position est celle de Harris ». On est bien dans cette logique avec *LVF*, où la classification sémantique s'articule à l'inventaire préalable de tous les emplois verbaux munis de leurs propriétés syntaxiques distributionnelles et morphologiques.

3. LA CONSTRUCTION DU LEXIQUE

Dans la Section 1.4, nous avons descendu la hiérarchie des classes syntactico-sémantiques à partir des 14 grandes classes génériques, suivant ainsi l'ordre naturel de la lecture de la classification des *Verbes français*. Nous faisons maintenant le parcours inverse, celui même des auteurs : « Une fois l'inventaire réalisé, on a établi une classification visant à tenir compte de l'adéquation entre la syntaxe et l'interprétation sémantique, elle-même réalisée par **un schéma syntactico-sémantique**, donné sous la rubrique **opérateur** qui, dans son classifieur initial, renvoie au verbe de base » (p. IV). Ainsi, « les opérateurs constituent les entités fondamentales de chaque classe » (p. VII). Sur ce fondement, par une série de regroupements successifs, sont élevés les 5 niveaux de classification que nous avons énumérés dans la Section 1.4.

3.1. La représentation des types de sujets, d'objets et de circonstants au moyen des *schèmes de construction syntaxique*

Nous sommes ici dans le domaine de ce qu'on appelle la sous-catégorisation et la sélection lexicale du prédicat. Le sujet ou le complément peuvent être ou non phrastiques. Le sujet peut être ou humain ou non-humain, singulier, pluriel ou collectif. L'objet peut être non-animé liquide, locatif, abstrait, etc. Ces étiquettes sémantiques reposent sur des critères syntaxiques et distributionnels dont on trouve la première ébauche dans l'*Annexe Grammaticale* du *Dictionnaire du français langue étrangère – Niveau II* (J. Dubois, 1979). On note parfois la présence d'un complément instrumental, locatif, de manière, quantitatif. Il existe différentes prépositions : *sur, contre, avec*, etc. Ces informations sont représentées, dans la rubrique CONSTRUCTION, par des *schèmes de construction syntaxique* codés sous la forme d'une suite de caractères alphanumériques, selon les conventions suivantes :

• L'appartenance aux types traditionnels est notée par une lettre majuscule

code	type	construction
A	intransitif	**Sujet + Circonstant**
N	transitif indirect	**Sujet + Complément Prépositionnel**
T	transitif	**Sujet + Objet direct + CompPrep + Circonstant**
P	pronominal	**Sujet + Objet direct + CompPrep + Circonstant**

• Codage de la nature du sujet et des compléments. Sujet = 1er caractère après A, N, T, P. Objet = 2^{e} caractère après T et P.

1	humain	**qn**	an(imal)	**5**	complétive ou inf	Q/D+Inf
2	animal	**an(imal)**		**7**[4]	pluriel humain	qn+pl
3	chose	**qc**		**8**	pluriel chose	qc+pl
4	complétive ou chose	**Q, Inf, qc**		**9**	humain ou chose	qn, qc

Exemple : *croire 01* [T1400] *On croit que tu dis la vérité*

• Codage des prépositions. Notation pour les compléments prépositionnels et les circonstants (2e caractère pour N et A, 3e et 4e caractère pour T et P)

I) Une lettre minuscule code la préposition

a	*à*	**d**	*contre*	**i**	*de*	**l**	*auprès*	**n** divers mvts (cheminer *le long de*)
b	*de*	**e**	*par*	**j**	*dans*	**m**	*devant*	**q** *pour*
c	*avec*	**g**	*sur, vers*	**k**	*pour*			

Exemple : *avertir 01* [T11b0] *On avertit Pierre de mon arrivée*

---

4. Pas de classe 6 mentionnée.

II) Un chiffre code le type de complément

1	locatif (où l'on est)	*bivouaquer qp*
2	locatif de destination	*accourir qp*
3	locatif d'origine	*décamper de qp*
4	double locatif	*conduire de qp à qp*
5	temps	*durer deux heures, persévérer longtemps*
6	modalité (manière, mesure, quantité)	*aller bien, chausser du 37, manger bcp*
7	cause	*mourir d'un cancer*
8	instrumental, moyen	*montrer par un geste, blesser avec une arme*

Exemple : *conduire 04* [T3140] *Ces empreintes conduisent l'enquêteur au voleur*

La sélection lexicale est quelquefois spécifiée par les *opérateurs* (cf. dans l'Extrait 4, l'*opérateur* associé au verbe *baffer* : « ict qn av gifle », litt. « frapper qn d'une gifle »).

3.2. La représentation des transformations au moyen d'une association de *schèmes de construction syntaxique*

Dans *Les Verbes français* p. IV on peut lire : « Chaque structure syntaxique donne lieu à des *variantes* ou *transformations* de la phrase et formant un ensemble de phrases reliées les unes aux autres ». Suivent une dizaine d'exemples de variantes – inspirées initialement par « la grammaire de cas sémantiques » de Fillmore (1968) – dont beaucoup ont été étudiées au LADL sous le nom de *restructurations*, telles que : le locatif devenant sujet (*Les moustiques pullulent dans les marais, les marais pullulent de moustiques*) cf. Boons, Guillet & Leclère (1976), et Salkoff (1983) ; l'objet direct non-animé devenant sujet d'un pronominal (*on enrichit la langue de mots nouveaux, la langue s'enrichit de mots nouveaux*) ; le pronom réfléchi humain dissocié en objet direct ou locatif partie du corps (*on s'égratigne aux ronces, on s'égratigne les jambes aux ronces, on s'égratigne aux jambes*) ; la présence ou l'absence du complément d'objet direct (*on fume un cigare, on ne fume plus*).

D'une manière générale, les variantes syntaxiques sont représentées par une *association de plusieurs schèmes de construction syntaxique* figurant dans la rubrique CONSTRUCTION, comme on va le voir. On notera que dans *LVF*, les schèmes de construction syntaxique sont formulés deux fois : au moyen du code alpha-numérique et en langue naturelle. Les deux exemples suivants de transformations appartiennent au type général que Dubois et Dubois-Charlier appellent *instrumental susceptible de devenir le sujet de la phrase*[5].

---

5. Cf. Boons, Guillet & Leclère (1976) et Guillet & Leclère (1981). L'homologue en anglais de cette transformation a été très étudié. Les verbes évoqués ici ont une propriété que Levin (1993) appelle « *Abstract Cause/Subject Alternation* ». Levin admet que la distinction entre *cause abstraite* et *instrument* pourrait être neutralisée au profit d'*instrument* en général. Elle indique des références à Fillmore (1968) et Cruse (1973), et fait mention de nombreux travaux ultérieurs.

• **Premier exemple** de construction à plusieurs variantes : **[P1000 T1108]** (« Pronominaux avec factitif à sujet humain et instrumental susceptible de devenir le sujet de la phrase »).

Ex : *Paul se décourage facilement, on le décourage par des critiques, ces critiques le découragent*

Exemple de construction à deux variantes [P1000 T1108].

V 3 entrées (sur 30)	Construction	Opérateur	Ss-classe syntaxique	Exemple
amuser 0I(s)	PI000 TII08	sent gaieté	PIa	On s'a~ avec des riens. Un rien a~ P. On a~ P avec un rien.
buter 05(s)	PI000 TII08	sent vexation	PIa	On se b~ facilement. On est b~. On finit par b~ P avec ça.

La double construction [P1000 T1108] définit une *variante syntaxique* de la *sous-classe syntaxique P1a*. La voix pronominale est considérée ici comme première par rapport à la voix active.

La **sous-classe syntaxique P1a** regroupe des verbes dont les opérateurs définitoires ont le préfixe *sent* (pour « sentiment ») et sont privés d'un « suffixe » faisant état d'une préposition. Elle fait partie de la *classe sémantico-syntaxique P1*. Les opérateurs définitoires de P1 ont pour préfixes *sent* et *ger.mens*.

La **classe sémantico-syntaxique P1** fait partie de la **classe générique P** (2 074 verbes dits *psychologiques*). Les opérateurs définitoires de cette classe sont pourvus des différents préfixes : *sent, f.sent, ger.mens, percep, percep.mens, scrut.* (pour, respectivement, « sentiment », « causer un sentiment », « comportement mental », « perception », « perception mentale » et « attention »).

• **Deuxième exemple** de construction à plusieurs variantes : **[T1108 P1000]** (« Transitifs à objet direct humain, avec instrumental susceptible de devenir le sujet de la phrase et pronominal à sujet humain »).

Ex : *Tu finis par le démotiver à force de reproches ; tes reproches finissent par le démotiver*

Exemple de construction à deux variantes [T1108 P1000].

V 5 entrées (sur 4I)	Constr.	Opérateur	Ss-classe syntaxique	Exemple
agiter 05	TII08 PI000	f.sent vif à qn	P2a	On a~ le peuple avec des discours. Les ouvriers s'a~.
aguerrir 02	TII08 PI000	f.sent dur à qn	P2a	On a~ P pour la vie. On s'a~ dans le malheur.

La double construction [T1108 P1000] définit une **variante syntaxique** d'un des deux **sous-types** de la **sous-classe syntaxique P2a**. La **classe sémantico-syntaxique P2** regroupe des verbes dont l'*opérateur* a pour radical « f.sent » (causatifs de sentiment). Les opérateurs définitoires de la **classe générique P** ont été déjà énumérés ci-dessus.

3.3. La morphologie verbale

Les propriétés morphologiques figurent dans la rubrique DÉRIVATION. Dans la définition des classes sémantico-syntaxiques, les propriétés syntaxiques et morphologiques sont étroitement associées (*LVF* pp. IV et V). C'est ainsi que, juste après avoir présenté les *structures syntaxiques*, c'est-à-dire les propriétés de sous-catégorisation et de sélection lexicale, ainsi que les transformations, J. Dubois et F. Dubois-Charlier disent s'être attachés à établir les relations de ces schèmes syntaxiques avec :

a) La morphologie du verbe. Peuvent être intégrés dans la forme du verbe : les compléments (*biseauter* = « couper *en biseau* », *faucher* = couper *avec une faux*, *emprisonner* = mettre *en prison*) ; les adjectifs ou noms (*jaunir, momifier*) ; les objets internes (*léguer* = donner comme *legs*) ;

b) Les dérivations nominales. Les schèmes syntaxiques se distinguent aussi selon les types de dérivations : *casse* de *casser 01* ; *cassage* de *casser 02* ou *03, cassement* de *casser 12, cassation* de *casser 11* ;

c) Les adjectifs verbaux : *cassé, cassant, cassable, incassable* ;

d) Les mots de base dont éventuellement ces mots sont dérivés : *bander 01* = *envelopper d'une bande.*

3.4. Les entités fondamentales : les opérateurs

Nous en venons à la propriété sur laquelle repose l'ensemble du système : « la rubrique OPÉRATEUR contient les *opérateurs* qui sous-tendent la définition des classes et l'analyse syntaxique du verbe ; ils constituent les entités fondamentales de chaque classe (…). Les opérateurs (avec leurs compléments) interprètent sémantiquement les schèmes syntaxiques » (*LVF*, page VII). Un certain ensemble de verbes codent donc la *synthèse* de leurs propriétés syntaxiques (déjà représentées par les schèmes de construction syntaxique) et de leur éventuel élément d'*invariance sémantique*. Il ne s'agit pas là de l'invariance sémantique qu'on observe dans les transformations, mais de ce qui s'observe entre des verbes qui par ailleurs possèdent des propriétés syntaxiques en commun. Cette invariance traverse donc la classe et en constitue le point commun fondateur. Soit ainsi les trois opérateurs suivants :

loq AV	(parler avec : *discuter avec qn*)
loq AV qn D/SR qc	(parler avec qn de/sur qc : *bavarder avec qn d'une question*)
loq A qn	(parler à qn : *causer à qn*)

Le radical « *loq* » représente une certaine constante sémantique, mais aussi le fait que les verbes qui la possèdent sont par ailleurs à complément nominal, cette propriété étant tout autant syntaxique que sémantique. Les suffixes (AV, D, SR, qn, qc) correspondent à des propriétés de sous-catégorisation et de sélection lexicale.

Il y a plus de 80 opérateurs principaux, donnés en page XV, qui peuvent être combinés avec des notations portant sur la quantité, la qualité, la répétition et sur la forme de la préposition. Ils sont composés d'opérateurs élémentaires primaires et secondaires. L'opérateur primaire est une sorte de radical. Par conséquent « *dic ordre A qn D nég* » est un opérateur complexe constitué de 6 opérateurs élémentaires, dont « *dic* » (= « *dicere* », « dire »), qui est l'opérateur primaire. Conformément à la règle de proportion inverse de l'*extension* et de la *compréhension*, le radical « *dic* » dénotant l'intension minimale, son extension est maximale ; inversement, l'opérateur « *dic ordre A qn D nég* » a une intension maximale, et, corrélativement, une extension minimale, puisque c'est l'opérateur des seuls verbes *interdire 01* et *interdire 06*.

Illustrons le rôle des opérateurs dans la construction de *LVF* avec l'exemple de l'entrée *aboyer 02*, qui se trouve à la page 3 de *LVF*. Elle fait partie de la variante [A16 T1300] du sous-type 3 de la sous-classe syntaxique C1a :

type « cris » [A16T1300]
aboyer 02   f.cri chien   hurler, crier après   *On a~ contre les voisins. On a~ des injures*

Catégories	Niveau[6]	Codage	Interprétation	Entrées	Opérateurs
Classe générique	5	C	« communication »	2039	dic ; ind ; mand ; f.son ; loq ; f.cri
Classe sémantico-syntaxique	4	C1	« s'exprimer par un son, une parole »	1059	f.son ; loq ; f.cri
Sous-classe syntaxique	3	C1a	« émettre un cri », humain ou animal	232	loq (objet interne & en V-ant) f.cri (objet interne & en V-ant)
Sous-type syntaxique	2	C1a / 3	« émettre un type de parole »	75	loq (objet interne & en V-ant) f.cri (sujet hum)
Variante syntaxique	1	[A16 T1300]	type « cris »	27	f.cri « animal » (sujet hum)
Entrée **aboyer 02**			« hurler, crier après » *On a~ contre les voisins*	1	f.cri chien

4. L'EXPLOITATION DE *LVF* : LES DEUX TYPES D'ACCÈS AUX ENTRÉES LEXICALES

Pour l'usage de *LVF*, chaque entrée peut être atteinte selon deux cheminements :
   I. à partir de la partie principale de l'ouvrage (« Les classes de verbes », p. 1-403)
  II. à partir de l'index alphabétique (p. 406-458)

Avant d'indiquer quel type de cheminement ont adopté les auteurs des différentes contributions à ce numéro, nous allons préciser la différence entre les deux approches.

4.1. L'accès aux entrées à partir des classes génériques et sémantico-syntaxiques

La démarche évoquée précédemment correspond à un premier type de cheminement à partir de la partie principale de l'ouvrage, qui attribue à chaque entrée d'une part une position, d'autre part une (micro)structure. Cette

---

6. Cf. § 1.4.

démarche est appropriée pour l'utilisateur qui recherche toutes les entrées verbales partageant une propriété ou un jeu de propriétés sémantiques (à un niveau supérieur du classement) et/ou syntaxiques (en pénétrant progressivement dans les profondeurs du classement). Elle permet entre autres de tester l'hypothèse chère aux *grammaires de construction* du comportement syntaxique similaire des entrées sémantiquement apparentées, c'est-à-dire partageant un même opérateur ou un même radical d'opérateur.

4.2. Un exemple d'accès à la polysémie verbale à partir de l'index : le verbe *accabler*

Il est essentiel de garder en mémoire que *LVF* ne classe pas des verbes, mais des entrées verbales. Pour deux tiers des verbes, ceux qui n'ont qu'une entrée, cela ne fait pas de différence. En revanche, les 4 188 verbes soumis à un dégroupement ne sont accessibles dans leur unité que par l'index alphabétique, lequel permet de constater par exemple que 290 verbes présentent 10 entrées ou plus.

Comme illustration de l'analyse de la polysémie (et polytaxie, c'est-à-dire variation significative du cadre prédicatif) d'un verbe à l'aide de *LVF*, nous choisirons par simplification un verbe, ***accabler***, relevant pour deux de ses entrées de la classe générique « F », verbes de frappe et de toucher, mais présentant trois autres entrées appartenant à des classes différentes. Sur le tableau ci-contre, ces entrées sont rangées en fonction de leur classe syntactico-sémantique.

Les deux entrées **accabler 01** et **03** relèvent d'une même classe F2b, sous-type 1 « toucher qn », ex. *les impôts accablent les contribuables ; on accable Paul d'insultes*, et ont le même schème syntaxique **T11b0** qui se lit « construction transitive à sujet humain, objet humain, complément introduit par la préposition *de* et absence de circonstant spécifique » et la même valeur d'opérateur $\boxed{ict+qt\ qn\ D\ abs}$ qui se lit « frapper+quantité qn (à l'aide) DE qc d'abstrait ». La différence entre les deux entrées tient uniquement à la sélection sémantique du complément prépositionnel qui réfère à quelque chose d'institutionnel (*accabler d'impôts*) pour *accabler 01*, et à un contenu verbal (*accabler d'injures*) pour *accabler 03*. La notation des constructions syntaxiques adoptée par les auteurs fournit des restrictions de sélection pour le sujet et l'objet mais pas pour le complément prépositionnel, et la notation de l'opérateur pour ce complément se limite à « abs(trait) », de sorte qu'on peut se demander s'il est pertinent de distinguer deux entrées, car aucun élément de l'adresse ni de l'opérateur ne permet de les distinguer. Le dégroupement est en fait justifié par le type de nom, non prédicatif avec *accabler 01*, prédicatif avec *accabler 03*.

L'entrée **accabler 04** relève de la *classe C1i, sous-type 3* « interpeller qn en le critiquant ou félicitant pour qc » (*la mère chapitre les enfants pour leur retard*). Son schème syntaxique présente une seule construction transitive[7] **T1107** qui se lit « construction transitive à sujet et objet humain, sans complément prépositionnel et avec un complément de cause distinctif en *pour/de/sur qc* ». La valeur d'opérateur $\boxed{loq.mvs\ qn}$ s'entend « dire du mal de qn ». La paraphrase *écraser sous* dans la rubrique « sens »

---

7. L'absence de mention d'une construction pronominale secondaire signifie que le verbe ne s'emploie pas en diathèse médio-passive (ex. **Les contribuables s'accablent aisément d'impôts*).

explicite ce que les auteurs entendent par circonstant distinctif. Alors que (cf. *accabler 01*) l'État peut accabler les contribuables *d'impôts*, auquel cas le complément introduit par *de* est considéré comme actanciel et mentionné dans le schème syntaxique (Txxbx) et dans la valeur d'opérateur (D abs), le procureur n'accable pas l'accusé *de* mais *par* des témoignages. Ce type de mention instrumentale donne lieu à une mention dans la construction *Txxx7*, mais pas dans la valeur d'opérateur.

Entrée	Classe générique	Classe sémantico-syntaxique	Ss-classe syntaxique	Ss-type syntaxique	Construction	Opérateur	Sens	Exemples
accabler 04	C	I	i	3	T1I07	loq.mvs qn	confondre, écraser sous	On a~ l'accusé par ces témoignages. Les témoins a~ P.
accabler 01	F	2	b	I	T1Ib0	ict+qt qn D abs	surcharger de	On a~ les gens d'impôts. Les impôts a~ les contribuables.
accabler 03	F	2	b	I	T1Ib0	ict+qt qn 0 abs	abreuver de	On a~ P d'injures, de conseils superflus.
accabler 05	H	I	b	3	T3100	(qc)f.som épuisé	écraser	La chaleur a~ les estivants.
accabler 02	P	2	a	I	T3100	(abs)f.sent vif à qn	déprimer, abattre	Cette mort a~ P. On est a~ devant ce désastre.

Il est intéressant de comparer les entrées **accabler 04** de la classe C1i, **05** de la classe H1b (sous-type 3, T3100) et **02** de la classe P2a (sous-type 1, T3100). En effet, le même verbe « écraser » paraphrase **accabler 04** et **05**, et « abattre », qui paraphrase **accabler 02**, est une variante d'*écraser*. Mais le schème syntaxique commun à **accabler 02-05** (T3100) diffère à un double titre de celui de **accabler 04** (T1I07) : d'une part le sujet est inanimé dans un cas (T3xxx) et humain dans l'autre (T1xxx), d'autre part un circonstant distinctif est prévu pour **accabler 04** (Txxx7) mais pas pour **accabler 02-05**. Le sujet inanimé de **accabler 05** est spécifié comme une chose dans la valeur d'opérateur (qc)f.som épuisé qui se lit : « Qc a un effet corporel qui épuise (le patient) » ; et comme une abstraction pour **accabler 02** : *(abs)f.sent vif à qn* qui se lit « qc d'abstrait cause un sentiment vif à qn ». Le sujet illustratif d'**accabler 05** est *la chaleur*, celui d'**accabler 02** *la mort*.

4.3. La répartition des deux approches dans les contributions à ce numéro

La disposition de *LVF* (corps principal et index) incite clairement aux deux types de recherche distingués aux §§ 4.1 et 4.2. Dans le premier cas, il s'agit, en prenant appui sur le corps du dictionnaire, de faire porter l'intérêt sur l'une ou l'autre des classes intermédiaires pour examiner un champ syntactico-sémantique particulier. Cette démarche est celle d'Iris ESHKOL & Denis LE PESANT dans leur contribution portant sur trois sous-types de la classe générique « C » des verbes de communication, et de Rolf KAILUWEIT dans son classement des verbes psychologiques dans sa thèse.

La démarche inverse consiste à prendre appui sur l'index et à examiner un verbe particulier à travers sa polysémie. C'est l'objectif de deux autres contributions : Dominique DUTOIT & Jacques FRANÇOIS consacrent la leur à la polysémie du verbe *changer* ; Danielle LEEMAN & Madona SAKHOKIA-GIRAUD s'intéressent à celle du verbe *voir*. Dans les deux cas la répartition des entrées du verbe dans les différentes classes de *LVF* est comparée à une ou plusieurs autres approches, celle d'EuroWordNet et du Dictionnaire Intégral de la société MÉMODATA pour *changer*, celle de J. Picoche (1986, 1993) et de J.-J. Franckel & D. Lebaud (1990) pour *voir*.

Deux types de démarche intermédiaire partant à la fois du corps du classement et de l'index sont également représentés dans ce numéro. L'article de Sophie HAMON & Danielle LEEMAN porte en premier lieu sur la polysémie du verbe *causer* et, à partir de ce premier examen, sur la classe des verbes de cause à laquelle *causer* appartient pour l'un de ses sens. Inversement, l'article de Morgane SÉNÉCHAL & Dominique WILLEMS examine d'abord le statut, dans *LVF*, d'une classe syntactico-sémantique, celle des verbes locatifs triactanciels, avant d'étudier dans un second temps les orientations de la polysémie des verbes ainsi délimités. Enfin, l'article d'Antoinette BALIBAR-MRABTI adopte une démarche originale en interrogeant les conditions sémantiques limitatives de l'usage, dans la rubrique d'illustration des entrées verbales de *LVF*, du clitique *on* comme sujet humain prototypique.

5. CONCLUSION

Les Verbes Français de Jean Dubois et Françoise Dubois-Charlier est un dictionnaire qui s'inscrit dans la tradition des grammaires de Z. Harris, à côté des lexiques-grammaires du LADL (Maurice Gross), des dictionnaires de classes d'objets du LLI (Gaston Gross), et des TAG (*Tree Adjoining Grammars* ; cf. entre autres Joshi 1987 et Abeillé 2002). Sur l'épineuse question de la relation syntaxe-sens, la portée théorique de l'ouvrage est considérable : il vérifie pleinement l'hypothèse d'une adéquation forte entre les formes syntaxiques et le sens.

Ce thésaurus de classes syntactico-sémantiques constitue un corpus lexicographique exceptionnel par l'ampleur de sa couverture, par la variété des informations explicites qu'il enregistre (sous-catégorisation, sélection lexicale, transformations, sémantique, morphologie, synonymie, etc.) et par la cohérence de son système de classification et de codage des propriétés linguistiques. À ce titre, il mérite de connaître au moins autant de notoriété que des ressources telles que WordNet (Miller & Fellbaum 1991 ; Fellbaum 1998), le *Dictionnaire Intégral de Memodata* (cf. ici-même l'article de Dutoit et François), FrameNet (Fillmore *& alii* 2003), Mel'čuk & *alii* (1984, 1988, 1992, 2000)[8], B. Levin (1993),

---

8. Cf. aussi les projets DiCo et Dicouèbe (Mel'uk & Polguère) : www.olst.umontreal.ca/dicofr.htlm

sans parler des versions électroniques de dictionnaires-papier comme *Le Petit Robert Électronique* et le *Trésor de la Langue Française Informatisé* [9].

Références

ABEILLÉ, A. (2002), *Une grammaire électronique de français*. Paris : CNRS-Éditions.

BOONS, J.-P., GUILLET, A. & LECLÈRE, Ch. (1976), *La structure des phrases simples en français. I Constructions intransitives*. Genève : Droz.

CRUSE, D.A. (1973), "Some Thoughts on Agentivity", in *Journal of Linguistics 9*. 11-23.

DUBOIS, J. (1979), *Dictionnaire de français langue étrangère. Niveau II*. Paris : Larousse.

DUBOIS, J. & DUBOIS-CHARLIER, F. (1997), *Les Verbes français*. Paris : Larousse-Bordas (diffuseur exclusif).

FELLBAUM, C. ed. (1998), *WordNet : An Electronic Lexical Database*. Cambridge (MA) : MIT Press.

FILLMORE, C.J. (1968), "The Case for Case", in Bach & Harms eds. *Universals in Linguistic Theory*. New York : Holt, Rinehart & Winston. 1-88.

FILLMORE, C.J., JOHNSON, C. & PETRUCK, M.R.L. (2003), "Background to FrameNet". *International Journal of Lexicography 16-1*. 235-250.

FONTENELLE, T. éd. (2005), *Dictionnaires : nouvelles approches, nouveaux modèles*. Revue Française de Linguistique Appliquée, volume X-2.

FRANCKEL, J.-J. & LEBAUD, D. (1990), *Les figures du sujet. À propos des verbes de perception, sentiment, connaissance*. Paris : Ophrys.

GIRY-SCHNEIDER, J. (1987), *Les prédicats nominaux en français*. Genève-Paris : Droz.

GROSS, G. (1994), « Classes d'objets et description des verbes », in Giry-Schneider, J. (dir.). *Sélection et sémantique. Langages 115*. Paris : Larousse, 15-30.

GROSS, M. (1975), *Méthodes en syntaxe*. Paris : Hermann.

GROSS, M. (1981), « Les bases empiriques de la notion de prédicat sémantique », in Guillet, A. & Ch. Leclère (dir.). *Formes syntaxiques et prédicats sémantiques. Langages 63*. Paris : Larousse. 7-52

GUILLET, A. & LECLÈRE, Ch. (1981), « Restructuration du groupe nominal », in Guillet, A. & Ch. Leclère (dir.). *Formes syntaxiques et prédicats sémantiques. Langages 63*. Paris : Larousse. 99-125.

GUILLET, A. & LECLÈRE, Ch. (1992), *La structure des phrases simples en français. Constructions transitives locatives*. Genève-Paris : Droz.

HARRIS, Z. (1971), *Structures mathématiques du langage*. Paris : Dunod.

HARRIS, Z. (1976), *Notes du cours de syntaxe*. Paris : Le Seuil.

HARRIS, Z. (1988), *Language and Information*. New York : Columbia University Press.

JOSHI, A. (1987), "Introduction to Tree Adjoining Grammars", in A. Manaster Ramer (ed). *The Mathematics of Language*. Amsterdam : J. Benjamins. 87-115.

LE PESANT, D. & MATHIEU-COLAS, M. (1998), « Introduction aux classes d'objets », in Le Pesant & Mathieu-Colas (dir.). *Les classes d'objets. Langages 131*. Paris : Larousse. 6-33.

LEEMAN, D. (1996), « Le *sens* et l'*information* chez Harris ». *Du dire au discours. Numéro spécial de LINX*. Nanterre : Université Paris 10. 209-220.

LEEMAN, D. (2006), « La préposition française : caractérisation syntaxique de la catégorie », in Leeman, D. & Vaguer, C. (dir.). *Modèles Linguistiques 53*, 2006-1. 7-18.

LEVIN, B. (1993), *English Verbs Alternations. A Preliminary Investigation*. Chicago : Chicago University Press.

MELČUK & *alii* (1984, 1988, 1992, 2000), *Dictionnaire explicatif et combinatoire du français contemporain. Recherches lexico-sémantiques I, II, III, IV*. Montréal : Les Presses de l'Université de Montréal.

MILLER, G.A. & FELLBAUM, C. (1991), "Semantic Networks of English". *Cognition 41*. 197-229.

PICOCHE, J. (1986), *Structures sémantiques du lexique français*. Paris : Nathan.

PICOCHE, J. (1993), *Didactique du vocabulaire français*. Paris : Nathan.

SALKOFF, M. (1983), "Bees are Swarming in the Garden". *Language 59*. 288-346.

---

9. Sur le thème des nouvelles approches en matière de dictionnaires, voir Fontenelle (dir.) 2005.

Iris Eshkol
Université d'Orléans & CORAL
Denis Le Pesant
MoDyCo (CNRS : UMR 7114)
Université Lille 3 & SELOEN (JE 2498)

Trois petites études sur les prédicats de communication verbaux et nominaux

L'article introductif de ce numéro indique que le dictionnaire de verbes de J. Dubois & F. Dubois-Charlier enregistre non seulement les « schèmes syntaxiques », c'est-à-dire l'ensemble de ce qu'on appelle la *sous-catégorisation*, la *sélection lexicale* et les *transformations*, mais aussi les relations de ces schèmes avec : (a) la morphologie du verbe, (b) les dérivations nominales, (c) les adjectifs verbaux, et (d) les mots de base dont éventuellement ces verbes sont dérivés (Dubois & Dubois-Charlier 1997, pp. IV et V).

Les verbes de *communication* du dictionnaire de verbes de J. Dubois & F. Dubois-Charlier ont déjà été évoqués dans cette présentation : il nous a paru intéressant d'examiner quelques petites sous-classes de verbes de communication et d'étudier les propriétés linguistiques de leurs éventuels dérivés nominaux[1]. Nous allons montrer que le classement effectué par Jean Dubois et Françoise Dubois-Charlier peut être validé empiriquement de manière indépendante, c'est-à-dire en utilisant des critères complémentaires de ceux que ces auteurs ont retenus.

Beaucoup de propriétés morphologiques sont aussi des propriétés transformationnelles (cf. Harris 1976, chap. IV), d'où la possibilité théorique de construire des classes syntactico-sémantiques de prédicats comportant non seulement des verbes, mais aussi des noms ou des adjectifs. Ces classes ainsi élargies tant du point de vue de l'*extension* que celui de la *compréhension*, nous les appelons *classes syntactico-sémantiques étendues*. Nous donnons quelques exemples de classes syntactico-sémantiques étendues de prédicats : celles de *compliment et remerciement*, de *manière de parler*, de *prédiction* et d'*information répondant à une demande* à partir des classes syntactico-sémantiques **C1j** (« parler en bien ou en mal de quelqu'un ou quelque chose ») et **C2a** (« dire que, dire quelque chose à quelqu'un ») de Dubois & Dubois-Charlier 1997.

---

1. Sur les prédicats de communication, voir Giry-Schneider 1981 & 1996, R. Vivès 1998, I. Eshkol 2002 et B. Lamiroy 2005.

I. PREMIÈRE ÉTUDE : LES PRÉDICATS DE *COMPLIMENT* ET *REMERCIEMENT*

Nous évoquons le sous-ensemble des verbes de la *sous-classe syntaxique* C1j, qui sont définis par l'opérateur **loq.bien qn D+inf**, et par leur construction [T11b0]. Autrement dit, ce sont des verbes transitifs à sujet et objet humain, avec complétive infinitive et complément prépositionnel en *de*, sans pronominal réfléchi.

Tableau 1 : Reproduction du sous-type C1j-2, variante avec construction [T11b0] dans Dubois & Dubois-Charlier 1997.

Verbes	Opérateur	Sens	Phrase
bénir 03	loq.bien qn D+inf	louer, célébrer	*On b~ P de son soutien, d'être venu. On b~ cette rencontre.*
complimenter	loq.bien qn D+inf	louer, applaudir	*On c~ P de son succès, de son élégance, d'avoir réussi.*
congratuler	loq.bien qn D+inf	louer	*On c~ le vainqueur. Les vainqueurs se c~.*
féliciter 01	loq.bien qn D+inf	louer	*On f~ P de son acte de courage.*
glorifier 01	loq.bien qn D+inf	louer	*On g~ les vainqueurs d'avoir réussi. On g~ cet exploit.*
louanger	loq.bien qn D+inf	louer	*On l~ P de son exploit, d'avoir réussi.*
louer 07	loq.bien qn D+inf	célébrer qn	*On l~ le Seigneur de nous avoir exaucés. On l~ P d'avoir aidé.*
recomplimenter	loq.bien+re qn D+inf	féliciter de nouveau	*On r~ P de ses succès, d'avoir réussi.*
reféliciter	loq.bien+re qn D+inf	complimenter de nouveau	*On r~ P d'avoir résisté.*
reglorifier	loq.bien+re qn D+inf	célébrer de nouveau	*On r~ l'équipe de sa victoire.*
remercier 01	loq.bien qn D+inf	dire merci	*On r~ P d'avoir accepté, de son acceptation.*

Les principales propriétés syntaxiques de ces verbes sont explicitées dans le dictionnaire. On peut en relever quelques autres. Outre le complément indirect en *de*, ils acceptent un complément en *pour*, *à propos de*, *au sujet de*, et les verbes *complimenter* et *congratuler* acceptent un complément en *sur*. D'autre part, ce sont, sauf *glorifier*, des prédicats qui acceptent un emploi de performatif explicite : *je te félicite, je te remercie d'avoir fait cela*. Le verbe *remercier* a une particularité : c'est un verbe délocutif (*remercier = dire « merci »*). Enfin, ces verbes, sauf les verbes à préfixes itératifs, ont la propriété d'avoir des homologues nominaux ; tantôt le nom est déverbal, tantôt c'est le verbe (par exemple *complimenter*) qui est dénominal. C'est cette propriété qui nous intéresse maintenant ; nous allons mettre l'accent sur celles des propriétés des prédicats nominaux qui enrichissent la définition de la classe syntactico-sémantique étendue des prédicats de *compliment* et *remerciement*.

I.I. La classe syntactico-sémantique étendue des prédicats de *compliment et remerciement*

Le nom *bénédiction* n'est pas un déverbal de *bénir 03*, mais de *bénir 02* (*Le prêtre donne/accorde sa bénédiction à qq* = « le prêtre le bénit, il lui accorde le pardon »). Le verbe *bénir 03* n'a donc pas d'homologue nominal. Quant au nom prédicatif *glorification*, il est abondamment attesté dans une structure de forme SN (*la glorification de qq/qqch par qq*), mais rarement dans un environnement phrastique (*qq fait la glorification de qq/qqch*). De plus, contrairement aux autres noms prédicatifs de la catégorie, il refuse les verbes supports *adresser à* et *exprimer à*, ce qui met en lumière le fait que son argument objet ne joue pas le rôle de *destinataire du message*. Ayant pris conscience de cela, on s'aperçoit que son analogue verbal *glorifier* a la même propriété d'avoir un argument objet qui ne réfère pas au destinataire du message, sauf peut-être dans un emploi de performatif explicite. En revanche, tous les autres verbes de la variante [T11b0] de C1j-2 ont un objet jouant le rôle de *destinataire du message*. Voilà une illustration de l'intérêt des *classes syntactico-sémantiques intégrées* : les propriétés des noms prédicatifs peuvent servir de révélateur pour celles des verbes associés. Nous considérons donc désormais la catégorie suivante :

Tableau 2 : Classe syntactico-sémantique étendue des prédicats de *compliment et remerciement*

Verbes	Verbes supports	Noms	Exemples
bénir 03	/	/	*On b~ P de son soutien, d'être venu*
congratuler	faire, adresser, exprimer	congratulations	*On c~ le vainqueur. Les vainqueurs se c~.* *Adresser à qq ses **congratulations** sur qc*
louanger, louer 07	faire, adresser, exprimer	louanges	*On l~ P de son exploit, d'avoir réussi.* *Adresser à qq des **louanges** à propos de qc*
féliciter 0I	faire, adresser, exprimer, présenter	félicitations	*On f~ P de son acte de courage.* *Adresser à qq ses **félicitations** à propos de qc*
reféliciter	/	/	*On r~ P d'avoir résisté.*
complimenter	faire, adresser, exprimer, présenter	compliment(s)	*On c~ P de son succès, de son élégance, d'avoir réussi.* *Faire à qq des **compliments** sur son succès*
recomplimenter	/	/	*On r~ P de ses succès, d'avoir réussi.*
remercier 0I	faire, adresser, exprimer, présenter	remerciement(s)	*On r~ P d'avoir accepté, de son acceptation.* *Adresser à qq ses **remerciements** sur qc*

On aura noté que plusieurs noms permettent ou exigent le pluriel. D'autre part, leur déterminant peut être, et est le plus souvent, un possessif coréférent au sujet de la phrase (*adresser **ses** félicitations à quelqu'un*). Comparons maintenant la syntaxe des verbes avec celle des noms associés. Tout d'abord, au complément d'objet direct des verbes correspond un complément prépositionnel datif chez les noms. D'autre part, le complément en *de (V-infinitif, N)* est propre aux verbes :

[Marie] ***a félicité*** *[Pierre] [de s'être obstiné, de son obstination]*

*[Marie] a adressé [à Pierre] des **félicitations** [de s'être obstiné, de son obstination]
[Marie] a adressé [à Pierre] des **félicitations** [pour s'être obstiné, sur son obstination]

1.2. Étude des termes appropriés aux prédicats nominaux de *compliments* et *remerciements*

Les propriétés des noms prédicatifs que nous étudions maintenant enrichissent la définition de la classe syntactico-sémantique des *prédicats de compliments et remerciements* en général. Pour plus de détails sur l'application de la méthode d'analyse des termes appropriés[2] aux prédicats de communication, on se reportera à R. Vivès 1998 et à la thèse d'Iris Eshkol 2002.

1.2.1. Les verbes supports *faire, adresser* et *exprimer*

Le verbe support *faire* convient à tous les prédicats nominaux de cette catégorie, mais les verbes supports les plus appropriés sont *adresser* et *exprimer* :

N0<h> (fait, adresse, exprime) des/ses (compliments, congratulations, félicitations, louanges, remerciements) ADJ à N1<h> pour N2

1.2.2. Les verbes supports *décerner* et *présenter*

Le verbe support *décerner* présente une moindre généralité que les précédents, puisqu'il ne convient pas à *congratulations* ni à *remerciements* :

* N0<h> décerne des/ses (congratulations, remerciements) (ADJ) à N1<h> pour N2
N0<h> décerne des/ses (compliments, félicitations, louanges) (ADJ) à N1<h> pour N2

Quant au verbe support *présenter*, il ne convient pas à *congratulations* ni à *louanges* :

* N0<h> présente des/ses (congratulations, louanges) (ADJ) à N1<h> pour N2
N0<h> présente des/ses (compliments, félicitations, remerciements) (ADJ) à N1<h> pour N2

1.2.3. Les verbes supports *recevoir, échanger* et *valoir*

Le verbe support de conversion *recevoir* est approprié à l'ensemble des prédicats nominaux :

N0<h> reçoit de N1<h> des (compliments, félicitations, congratulations, louanges, remerciements) pour N2

Le verbe support de réciprocité *échanger* est attesté pour tous les noms, sauf *louange* :

N0<h> échange des (compliments, congratulations, félicitations, remerciements) avec N1<h>
= N0<h> et N1<h> échangent des (compliments, congratulations, félicitations, remerciements)

Signalons encore le verbe support *valoir*, qui permet une réorganisation particulière de la linéarité des arguments :

---

2. Pour notre étude des termes appropriés, nous avons utilisé les ressources suivantes : Frantext, Les Voisins de Le Monde (http://www.univ-tlse2.fr/erss/voisinsdelemonde/), Internet, Petit Robert (CD-Rom), TLF en ligne.

[Cet exploit] vaut des (compliments, congratulations, félicitations, louanges, remercie-ments) à [Pierre] de la part de [Marie]

1.2.4. Les déterminants et verbes supports intensifs

Parmi les termes appropriés d'intensité, nous trouvons :

• des déterminants intensifs : *un déluge de, une kyrielle, un concert de (compli-ments, félicitations, congratulations, louanges)*

• des extensions intensives de verbe support :

N0<h> (accable, abreuve, assomme, couvre, étourdit, gave) de (compliments, félicita-tions, congratulations, louanges, remerciements) N1<h> pour N2
N0<h> prodigue, ne marchande pas ses (compliments, félicitations, congratulations, louanges, remerciements) à N1<h>
N0<h> se répand en, se confond en (compliments, félicitations, congratulations, louanges, remerciements)
N0<h> n'est pas avare de (compliments, félicitations, congratulations, louanges, remerciements) à l'égard de N1<h>

1.2.5. Les adjectifs appropriés

Parmi les prédicats adjectivaux appropriés, relevons :

des (compliments, félicitations, congratulations, louanges, remerciements) chaleu-reux(ses), dithyrambiques, hypocrites, malheureux(ses), perfides, sincères.

1.3. Conclusion partielle

La prise en compte des noms prédicatifs reliés morphologiquement aux verbes dans la description des prédicats de *compliment et remerciement* a permis : a) de confirmer l'existence d'une classe syntactico-sémantique étendue de prédicats de *compliment et remerciement* ; b) d'enrichir la définition linguistique de cette classe. Un approfondissement ultérieur de l'analyse devrait mettre en évidence la spécifi-cité de chaque entrée, notamment l'entrée *remercier/remerciement*.

2. DEUXIÈME ÉTUDE : LES PRÉDICATS DE *MANIÈRE DE PARLER*

Le sous-type C2a-1 est défini par Dubois & Dubois-Charlier 1997 : 17 de la façon suivante : « verbes transitifs avec complétive déclarative à l'indicatif, parfois au subjonctif, ou complétive interrogative ou exclamative indirecte, ou nomina-lisation, et complément *à qq* ». Il y trois variantes syntaxiques dans ce sous-type. Nous nous intéressons ici à la variante *sans instrumental* [T14a0]. Autrement dit, le sujet de ces verbes est toujours humain ; ils n'ont pas de complément circons-tanciel instrumental et ne peuvent voir figurer un nom autre que *humain* en position sujet :

*On chuchote par ce document que P vs *Ce document chuchote que P

Cette variante du sous-type C2a-1 compte 42 verbes. Voici les 8 premiers de la liste selon l'ordre alphabétique :

Tableau 3 : Les 8 premières entrées de la variante [T14a0] du sous-type C2a-1.

Verbes	Opérateur	Sens	Phrase
bafouiller 02	dic indistinct A qn	bredouiller qc à	*On b~ à P une excuse, qu'on ne l'a pas fait exprès.*
balancer 07	dic vite A qn	jeter que	*On b~ à P la nouvelle, qu'on n'est pas dupe.*
balbutier 02	dic indistinct A qn	bredouiller	*On b~ à P quelques mots, qu'on est innocent.*
baragouiner 02	dic indistinct A qn	bredouiller, bafouiller	*On b~ à P une adresse, que la rue est plus loin.*
bégayer 02	dic indistinct A qn	bredouiller, bafouiller	*On b~ à P une excuse, qu'on n'a rien fait.*
bredouiller 02	dic indistinct A qn	dire en bégayant	*On b~ à P une excuse, qu'on ne l'a pas fait exprès.*
cafarder 02	dic e dénonçant A qn	rapporter, dénoncer	*L'élève c~ au prof que P a copié, son chapardage.*
cafeter 02	dic e dénonçant A qn	moucharder (cafter)	*L'élève c~ au prof que P a copié, le chapardage.*

2.1. La classe syntactico-sémantique étendue des verbes et noms prédicatifs de *manière de parler*

Au sein du sous-type C2a-1, variante sans instrumental, nous considérons la classe syntactico-sémantique suivante, que nous appelons classe des prédicats de *manière de parler*.

Tableau 4 : Classe syntactico-sémantique étendue des prédicats de *manière de parler*

Verbes	Opérateur	Exemples illustrant l'emploi des verbes	Noms
bafouiller 02	dic indistinct A qn	*On b~ à P une excuse, qu'on ne l'a pas fait exprès.*	émettre un **bafouillement**
balbutier 02	dic indistinct A qn	*On b~ à P quelques mots, qu'on est innocent.*	émettre un **balbutiement**
bégayer 02	dic indistinct A qn	*On b~ à P une excuse, qu'on n'a rien fait.*	émettre un **bégaiement**
bredouiller 02	dic indistinct A qn	*On b~ à P une excuse, qu'on ne l'a pas fait exprès.*	émettre un **bredouillement**
chuchoter 02	dic bas qc A qn	*On c~ à P qu'il gagne bcp d'argent.*	émettre un **chuchotement**
murmurer 04	dic bas qc A qn	*On m~ une plaisanterie à P, que ceci ne vaut rien.*	émettre un **murmure**
roucouler 03	dic amour A qn	*On r~ des mots tendres à P, qu'on est amoureux.*	émettre un **roucoulement**
susurrer	dic bas qc A qn	*On s~ à P des mots doux, qu'on ne l'oubliera pas.*	émettre un **susurrement**
crier 06	dic e criant qc A qn	*On c~ à P qu'un incendie a éclaté, un message.*	émettre, pousser un **cri**
hurler 04	dic fort qc A qn	*On h~ à P sa déception, qu'on arrive.*	émettre, pousser un **hurlement**

• Les verbes transitifs directs à complétive à l'indicatif ont un emploi intransitif :

Pierre a balbutié qu'il est innocent vs *Pierre a balbutié*

Il s'agit de verbes que M. Gross 1975 et J. Giry-Schneider 1981 & 1996 ont analysés comme étant le résultat d'une fusion d'un verbe de parole, le verbe *dire*, avec un verbe de manière de parler :

(chuchoter, bégayer) qu'on est malade = dire en (chuchotant, bégayant) qu'on est malade

• Dans cette catégorie syntactico-sémantique, les verbes sont associés par transformation à des noms prédicatifs à verbe support *émettre*, lequel est un des principaux verbes supports appropriés aux prédicats de *bruits* en général :

Pierre a émis un balbutiement = Pierre a balbutié quelque chose = Pierre a balbutié

• Les verbes *crier* et *hurler* sont associés aux noms *cri* et *hurlement* qui, contrairement aux autres noms prédicatifs de la catégorie, admettent le verbe support *pousser* :

pousser un (cri, hurlement) vs **pousser un (balbutiement, chuchotement, murmure…)*

Ce phénomène est une illustration de l'enrichissement de la classification sémantique des prédicats que procure la prise en compte des propriétés des noms : les verbes d'intensité acoustique forte *crier* et *hurler* ont été séparés des autres verbes de *manière de parler* sur la base de la forme du verbe support de leurs homologues nominaux.

• Les noms prédicatifs, contrairement à leurs homologues verbaux, n'ont pas d'emploi transitif direct à complétive à l'indicatif :

* Pierre a émis le balbutiement qu'il est innocent vs *Pierre a balbutié qu'il est innocent*

• En-dehors de la complétive à l'indicatif, ces verbes sous-catégorisent un complément d'objet nominal ou un discours direct. Les types sémantiques susceptibles de se manifester sont :

a) des noms de *signes linguistiques* : *mot, syllabe, parole(s), expression, phrase, paragraphe, texte, tirade, poème…*

Iris a chuchoté à l'oreille de Denis (un mot, une phrase, un texte)

= Iris a dit, en chuchotant à l'oreille de Denis, (un mot, une phrase, un texte)

Il est légitime de se demander si les noms de *signes linguistiques* sont des noms prédicatifs. La réponse est positive pour ceux d'entre eux qui ont des propriétés aspectuelles (lesquelles se manifestent par la compatibilité du prédicat avec un certain nombre de prédicats, déterminants, auxiliaires ou modifieurs aspectuels ou temporels). Seuls les noms de *signes linguistiques* ayant un emploi de *discours oral* ont des propriétés aspectuelles (*un discours interrompu, un discours de 3 heures*). Les autres, selon nous, n'ont pas de propriétés aspectuelles. Nous en déduisons que les noms de *signes linguistiques,* y compris les hyponymes du nom *paroles,* sont fondamentalement des noms non-prédicatifs. Pour une opinion opposée, on se reportera à J. Giry-Schneider 1981 & 1994 qui, soutenant que *paroles* est un nom prédicatif, en déduit logiquement que *dire* est un verbe support.

b) des discours directs antéposables au verbe principal :

Iris a chuchoté à l'oreille de Denis : « On parle maintenant ! »

= « On parle maintenant ! » a chuchoté Iris à l'oreille de Denis

Il est à noter que le discours direct n'est pas de nature prédicative, puisqu'il peut être introduit par un nom classifieur de la catégorie des noms de *signes linguistiques* :

Iris a chuchoté à l'oreille de Denis la phrase « on parle maintenant »
Denis a murmuré la formule « advienne que pourra ! »

c) des noms dérivés d'un radical adjectival, tels *sottise, bêtise, naïveté, politesse* :

Marie chuchote des bêtises = Marie dit, en chuchotant, des bêtises

Marie bégaie des politesses = Marie dit, en bégayant, des politesses

Ces noms déadjectivaux sont analysables (cf. J. Giry-Schneider 1981 & 1994) en termes de variantes elliptiques d'expressions à nom classifieur *paroles* :

dire en chuchotant des paroles (bêtes, naïves, polies)

= chuchoter des (bêtises, naïvetés, politesses)

S'il est exact de dire, comme nous l'avons fait dans le § a) ci-dessus, que le nom classifieur *paroles* est non prédicatif, alors le complément, dans des expressions telles que *dire des bêtises, des naïvetés*, doit être de nature non prédicative.

2.2. Les verbes supports de *manière de parler*

Les verbes de *manière de parler* viennent d'être évoqués dans leur emploi comme verbe prédicatif. Nous les considérons maintenant dans un emploi complètement différent : celui de verbe support. On trouve ces verbes supports à gauche de noms prédicatifs comme les noms de *compliment et remerciement* qui ont fait l'objet de la Partie 1 ci-dessus :

N0<h> balbutie, bégaie, susurre des (compliments, félicitations, congratulations, louanges, remerciements) à N1<h>
Pierre m'a chuchoté, bafouillé, balbutié la (proposition, recommandation, suggestion) de sortir

Ils accompagnent également d'autres noms d'actes de paroles tels que *conseil, ordre, suggestion, proposition*, qui appartiennent à la catégorie C2b du dictionnaire de Dubois & Dubois-Charlier (verbes transitifs avec complétive au subjonctif ou infinitive en *de*). Il est à noter d'abord que tous ces noms ne peuvent être accompagnés du verbe *dire*, ce qui est cohérent avec le fait de considérer le verbe *dire* non comme un verbe support, mais un verbe prédicatif :

*dire un(e) (compliment, conseil, ordre, recommandation, suggestion…) à quelqu'un
faire un(e) (compliment, recommandation, suggestion…) à quelqu'un
donner un (conseil, ordre…) à quelqu'un

Les verbes de *manière de parler*, dans leur emploi comme verbe support, se révèlent plus précisément être des *extensions de verbe support* : ils remplacent le verbe support standard, remplissent ses fonctions et y adjoignent une modalité en quelque sorte adverbiale. D'où l'analyse suivante :

chuchoter, bafouiller, balbutier une (proposition, recommandation, suggestion) à qq
= faire en (chuchotant, bafouillant, balbutiant) une (proposition, recommandation…) à qq

Ces verbes ont une autre propriété, fondamentale dans la perspective de cet article : en tant que verbes supports, ils ne peuvent pas avoir d'homologues déverbaux (cf. Gross, G. 1996 : 55-56) :

* le (chuchotement, hurlement) d'une (proposition, recommandation…)

On a là une preuve supplémentaire de ce que les verbes de *manière de parler* ont, outre leur emploi prédicatif, un emploi comme verbes supports.

3. TROISIÈME ÉTUDE : LES PRÉDICATS DE *PRÉDICTION* ET LES PRÉDICATS D'*INFORMATION RÉPONDANT À UNE DEMANDE*

Soit encore le *sous-type C2a-1* de Dubois & Dubois-Charlier 1997, qui rassemble, rappelons-le, des « verbes transitifs avec complétive déclarative à l'indicatif, parfois au subjonctif, ou complétive interrogative ou exclamative indirecte, ou nominalisation, et complément *à qq* ». Nous proposons cette fois-ci un extrait de la *variante syntaxique avec instrumental* [T14a8] (verbe transitif à sujet humain, à complétive objet direct, à complément prépositionnel en *à*, et à complément instrumental) :

> *On confirme à Pierre par un document que tout va bien*
> = *Un document confirme à Pierre que tout va bien*

Notons qu'une différence fondamentale sépare les verbes de la *variante sans instrumental* [T14a0] étudiée dans la Partie 2 de ceux de la *variante avec instrumental* [T14a8] : alors que les premiers sélectionnent tous une complétive de type *discours* (« dire des paroles »), les seconds sélectionnent majoritairement une complétive de type *fait* (« parler d'un fait »). Il y a 109 verbes dans la *variante avec instrumental du sous-type C2a-1*. En voici les 5 premiers et les 5 derniers selon l'ordre alphabétique :

Tableau 5 : Deux extraits de la variante avec instrumental [714a8] de la sous-classe syntaxique C2a

Verbes	Opérateur	Sens	Phrase
accorder 05	dic concession A qn	concéder	*On a~ à P qu'il n'a pas tort, des excuses.*
affirmer 01	dic qc A qn	soutenir que	*On a~ à P qu'on dit vrai, que tout va bien.*
alléguer 02	dic prétexte A qn	invoquer, prétexter	*On a~ à P une maladie, qu'on est trop malade.*
annoncer 01	dic info A qn	faire savoir	*On a~ à P sa maladie, que son fils vit.*
apprendre 04	dic info A qn	informer	*On a~ à P que son père est vivant, la bonne nouvelle.*
soutenir 10	dic qc sûr A qn	prétendre	*On s~ à P qu'il se trompe, ce paradoxe.*
spécifier	dic précision A qn	préciser	*On s~ à P les conditions du prêt, que ceci est impossible.*
stipuler 01	dic notificat A qn	spécifier	*On s~ aux employés que l'augmentation part du 1er.*
taire 01	dic nég qc A qn	cacher	*On t~ à P la mort de son ami, que son fils est blessé.*
témoigner 02	dic qc A qn c témoin	assurer comme témoin qc	*On t~ aux juges que P n'est pas l'agresseur.*

3.1. Les verbes et noms prédicatifs de *prédiction*

Comment la *variante avec instrumental du sous-type C2a-1* est-elle subdivisée ? Elle l'est par le jeu des *Opérateurs*. Examinons la catégorie des verbes à *Opérateur [dic prédiction A qn]*, et joignons-y leurs homologues nominaux. La suite de l'analyse va montrer que le verbe *promettre 05*, qui est défini par un autre *Opérateur*, a, pour l'essentiel, les mêmes propriétés syntaxiques que les trois autres verbes :

Tableau 6 : Catégorie syntactico-sémantique étendue des prédicats de *prédiction*.

Verbes	Opérateur	Noms	Phrase
prédire 01	dic prédiction A qn	*faire une* **prédiction**	*On p~ à P une avenir brillant, qu'il aura de grands succès*
promettre 05	dic sûr A qn Q+fut	*faire une* **promesse**	*On p~ à P un avenir riant, qu'il sera heureux.*
pronostiquer	dic prédiction A qn	*faire un* **pronostic**	*On p~ à P un bel avenir, qu'il aura un bel avenir.*
prophétiser 02	dic prédiction A qn	*faire une* **prophétie**	*La cartomancienne p~ à P la guerre, qu'il court à sa perte.*

La sous-classification repose sur des critères que J. Dubois et F. Dubois-Charlier n'ont pas tous explicités. Dans le cas des verbes de *prédiction*, il est facile d'en restituer un (qui n'est explicité que pour *promettre 05*) : ces quatre verbes exigent le futur de l'indicatif dans la complétive, ou un auxiliaire aspectuel de type *être sur le point de, aller, courir à*. Par ailleurs, ils ont des déverbaux à verbe support *faire* et qui sous-catégorisent aussi une complétive au futur, marqué par une flexion (*aura*), par un semi-auxiliaire aspectuel (*va avoir*) ou par un verbe support aspectuel (*courir à sa perte*) :

*On fait à Paul la **promesse** qu'il aura un avenir brillant*
*On fait la **prédiction** que Paul va avoir un avenir brillant*
*On fait le **pronostic** que Paul aura un bel avenir*
*La cartomancienne fait la **prophétie** que Paul court à sa perte*

Les propriétés des noms prédicatifs sont sur certains points différentes de celles de leurs homologues verbaux. Ils admettent notamment un emploi intransitif (*faire une prédiction, une promesse, un pronostic, une prophétie*) que refusent leurs homologues verbaux *prédire, promettre* et *pronostiquer* (**La cartomancienne prédit, promet, pronostique*). Cherchons maintenant quels sont les *prédicats appropriés* des prédicats nominaux de *prédiction*. On fait l'hypothèse qu'il s'agit notamment des verbes *s'accomplir, se réaliser, se vérifier* :

[*Le pronostic de la voyante*]$_{N0}$ *s'est accompli, s'est réalisé, s'est vérifié*
[*Sa promesse, sa prophétie, sa prédiction*]$_{N0}$ *s'est accomplie, s'est réalisée, s'est vérifiée*

Un passage en revue de l'ensemble de la *variante avec instrumental du sous-type C2a-1* montre que ces trois verbes ne sont appropriés qu'à *pronostic, promesse, prophétie* et *prédiction*. Il s'agit donc d'une propriété définitoire de la *catégorie syntactico-sémantique étendue* des prédicats de *prédiction*. Elle met par ailleurs en évidence la relation sémantique qui existe entre les prédicats de *prédiction* et certains prédicats de *souhait* (*souhaiter, souhait ; rêver, rêve ;*

vœu), qui sont sélectionnés eux aussi par *s'accomplir, se réaliser*, mais non par *se vérifier*.

Il existe enfin des propriétés de sélection lexicale qui permettent de distinguer les uns des autres ces quatre couples de prédicats, donc de saisir leur individualité. Ainsi, quand ils sont employés comme *termes de spécialité*, le verbe et son homologue nominal sélectionnent de façon appropriée un nom humain de profession. Dans le *domaine de spécialité* « religions et superstitions », les prédicats *prophétiser* et *prophétie* sélectionnent en position sujet le nom *prophète* et ses synonymes ; dans le *domaine de spécialité* « médecine », ce sont le nom *médecin*, ses synonymes et ses hyponymes, qui sont sélectionnés dans la même position par les prédicats *pronostiquer* et *pronostic*.

3.2. Les verbes et noms prédicatifs d'*information répondant à une demande*

Continuons d'examiner le sous-type *C2a-1* et sa *variante syntaxique avec instrumental* [T14a8]. Pour définir en son sein un autre sous-ensemble, nous avons fait une hypothèse sur la forme du verbe support des prédicats nominaux associés. Il existe dans cette variante une minorité de prédicats nominaux à verbe support approprié *donner* ; nous voulons savoir si cette propriété est définitoire d'une sous-catégorie syntactico-sémantique cohérente. La classe syntactico-sémantique étendue présumée se présente sous cette forme :

Tableau 7 : Classe syntactico-sémantique étendue des prédicats d'*information répondant à une demande*.

Verbes	Opérateur	Sens	Phrase	Noms
assurer 08	dic qc sûr A qn	garantir, donner c sûr	*On a~ à P que tout ira bien, la réalité de l'accident.*	*donner une* **assurance**
confirmer 01	dic c vrai A qn	assurer	*On c~à P l'élection de Georges, que le chômage croît.*	*donner une* **confirmation**
expliquer 03	dic e détail A	faire comprendre que	*On e~à P les raisons du refus, que le départ est inévitable.*	*donner une* **explication**
garantir 06	dic sûr A qn Q+fut	promettre	*On g~à P le succès de l'affaire, que le travail sera fini.*	*donner une* **garantie**
indiquer 04	dic info A qn	faire connaître, savoir	*On i~ à P que la réussite tient au travail.*	*donner une* **indication**
préciser 02	dic info A qn	informer	*On p~ à P la nouvelle, que tout va bien.*	*donner une* **précision**
prouver 01	di e montrant A qn	donner la preuve	*On p~ à P son innocence, qu'on est innocent par un alibi.*	*donner une* **preuve**

Nous n'avons pas relevé le verbe *répondre 01*, bien qu'il soit lui aussi associé à un prédicat nominal à verbe support *donner*. Ce cas est spécial, car *réponse* accepte aussi le verbe support *faire* et, surtout, *répondre* et *réponse* sont des prédicats de type « *dire des paroles* », alors que ceux que nous venons de lister sont de type « *parler d'un fait* ». Le couple *notifier-notification* a également été rejeté pour des raisons qui sont indiquées ci-dessous.

Montrons que ces prédicats, qui n'ont pas d'unité sémantique évidente au premier abord, ont, sauf *notifier* et *notification*, une communauté de propriétés linguistiques qui fait qu'on peut les qualifier de *prédicats d'information répondant à une demande*. Tout d'abord, les données de la synonymie (cf. la rubrique « Sens » de Dubois & Dubois-Charlier 1997) et de l'étymologie montrent que ce sont en quelque sorte des « causatifs d'attitude épistémique » :

assurer qqch à qq	« rendre qq sûr de qqch »
confirmer qqch à qq	« rendre de nouveau qq sûr de qqch »
garantir qqch à qq	« rendre (en se portant garant) qq sûr de qqch »
expliquer qqch à qq	« faire comprendre (en expliquant) qqch à qq »
indiquer qqch à qq	« faire remarquer (en montrant du doigt) qqch à qq »
préciser qqch à qq	« faire savoir (en étant précis) qqch à qq »
prouver qqch à qq	« convaincre (par des preuves) qq de qqch »

Certains des prédicats nominaux d'*information répondant à une demande* acceptent, outre *donner*, les verbes supports *fournir* et *apporter* : *donner, apporter, fournir une (preuve, précision)*. Mais la propriété la plus remarquable de la catégorie est le fait que le verbe support approprié est en réalité le couple *donner-recevoir* qui donne à la phrase la possibilité d'avoir deux variantes *converses* l'une de l'autre, c'est-à-dire une forme particulière d'alternance *actif-passif* (cf. G. Gross 1989) :

Marie donne à Pierre (l'assurance, la confirmation, l'explication) que le départ est inévitable
Pierre reçoit de Marie (l'assurance, la confirmation, l'explication) que le départ est inévitable

Mais ces prédicats nominaux ont une autre propriété importante : celle d'avoir pour *prédicats appropriés* des verbes comme *demander, réclamer, être satisfait de, être rassuré par*. C'est évidemment à corréler avec la présence du verbe support *donner* :

Pierre (a demandé à, réclamé à, exigé de) Marie (des preuves, des explications, des indications, une confirmation, des précisions, des assurances, des garanties) au sujet d'une affaire
Pierre a obtenu de Marie (l'explication de son départ, la précision qu'il risque d'y avoir des grèves, la preuve qu'elle est innocente)
La (garantie, assurance, confirmation) donnée par Marie que P (a rassuré, a satisfait) Pierre
La preuve que Marie a donnée de son innocence a tranquillisé Pierre.

Ce sont donc les verbes de *demande* et d'*obtention* qui sont les plus appropriés à cette catégorie. Appliqués aux déverbaux d'autres éléments de la *variante syntaxique avec instrumental* [T14a8], ils produisent un effet de sens obscur : **exiger, *obtenir une (affirmation, allégation, annonce, insinuation, mention, objection…)*. La même incompatibilité sémantique s'observe avec le prédicat *notification* : (*?exiger, ?obtenir*) *la notification qu'on est licencié*. D'où l'exclusion de ces noms, et par voie de conséquence celle de leurs verbes associés (*affirmer, alléguer, annoncer, insinuer, mentionner, objecter, notifier…*) de la catégorie des *prédicats d'information répondant à une demande*.

Les prédicats que nous venons d'examiner présupposent qu'une demande d'information antérieure a été faite ou aurait pu être faite. C'est ce qu'a mis en évidence le fait qu'ils puissent être sélectionnés par des verbes comme *demander, obtenir, être satisfait par.*

CONCLUSION

Nous pensons avoir obtenu trois résultats grâce à cette recherche sur les prédicats de communication. Le premier résultat est une évaluation de l'ouvrage de Dubois & Dubois-Charlier 1997 : nous avons montré que le classement des verbes effectué par ces auteurs est validé, de manière indépendante, par la prise en compte des propriétés des noms déverbaux homologues. Le deuxième résultat concerne le degré de spécification dans la classification des prédicats : la prise en compte des propriétés des prédicats nominaux associés a permis de mettre en évidence des sous-classes syntactico-sémantiques que les propriétés des seuls verbes ne pouvaient révéler. Le troisième résultat concerne le projet même de classification des prédicats : il est possible de construire des classes syntactico-sémantiques réunissant des prédicats appartenant à plusieurs parties du discours.

Références

DUBOIS, DUBOIS-CHARLIER, J. & F. (1997), *Les Verbes français.* Paris : Larousse-Bordas.

ESHKOL, I. (2002), *Typologie sémantique des prédicats de parole.* Thèse de doctorat. Villetaneuse : Université Paris 13.

HARRIS, Z. (1976), *Notes du cours de syntaxe.* Paris : Le Seuil.

GIRY-SCHNEIDER, J. (1981), « Les compléments nominaux du verbe *dire* », *in* Guillet, A. & Leclère A.. (dir.). *Formes syntaxiques et prédicats sémantiques. Langages 63* : 75-97. Paris : Larousse.

GIRY-SCHNEIDER, J. (1994), « Les compléments nominaux des verbes de parole », *in* Giry-Schneider, J. (dir.). *Sélection et sémantique. Langages 115* : 103-125. Paris : Larousse.

GROSS, G. (1989), *Les constructions converses en français.* Genève-Paris : Droz.

GROSS, G. (1994), « Classes d'objets et description des verbes », *in* Giry-Schneider, J. (dir.). *Sélection et sémantique. Langages 115* : 15-30. Paris : Larousse.

GROSS, G. (1996), « Prédicats nominaux et compatibilité aspectuelle », *in* Ibrahim, A.-H. (dir.). *Les supports. Langages 121* : 54-72. Paris : Larousse.

GROSS, M. (1975), *Méthodes en syntaxe.* Paris : Hermann.

LAMIROY, B. (2005), ''The Case of Intransitive Speech Verbs'', *in* I. Baron, H. Korzen, I. Korzen, H. Müller, H. Nølke (dir.). *From Syntax to Semantics. Grammatica. Hommage à Michael Herslund.* Bern : P. Lang.

LE PESANT, D. & MATHIEU-COLAS, M. (1998), « Introduction aux classes d'objets », *in* Le Pesant, D. & Mathieu-Colas M. (dir.). *Les Classes d'objets. Langages 131* : 6-33. Larousse : Paris.

VIVÈS, R. (1998), « Les mots pour le *dire* : vers la construction d'une classe de prédicats », *in* Le Pesant, D. & M. Mathieu-Colas (dir.). *Les Classes d'objets. Langages 131* : 64-76. Paris : Larousse.

Rolf Kailuwet
Université de Fribourg
Rolf.Kailuweit@romanistik.uni-freiburg.de

La classe P dans *Les Verbes français* et les verbes de sentiment

INTRODUCTION

La classification des verbes de sentiment français que j'ai présentée dans Kailuweit (2005) est fondée sur deux critères principaux. Premièrement, la valence syntaxique : je distingue des entrées de verbes monovalents, bivalents et trivalents ; deuxièmement, le contraste d'activité sémantique entre les arguments. La description de ce type de constructions compte avec une large tradition dans la grammaire française. C'est Maurice Gross qui, dans *Méthodes en Syntaxe*, avait décrit des constructions trivalentes comme les suivantes :

(1)   a. Je suivais Robert, il m'intéressait à ce qui l'intéressait, je me rappelais ses souvenirs (FRANTEXT : BEAUVOIR, S. de)
    b. Le malheur m'a faite amère, il m'a révoltée contre les hommes et les Dieux (FRANTEXT : GRACQ, J.)

Ruwet (1993), dans une réplique à Pesetsky ([1988] 1995), a insisté sur l'existence de ces constructions que le générativiste américain avait exclues pour des raisons théoriques. En plus, il existe un petit groupe de verbes de sentiment trivalents qui réalisent l'EXPÉRIENT en fonction du sujet, p.ex. le verbe *envier qqc à qqn* :

(2)   Le physique de mon frère le fascinait : cette belle figure creuse sortie des archives de la Révolution d'Octobre ou de l'album des anarchistes héroïques, il la lui enviait. (FRANTEXT : ETCHERELLI, C.)

Quant aux constructions pronominales, je les considère comme des anti-passifs et donc des constructions diathétiques syntaxiquement monovalentes. Le parallélisme qu'on observe entre les constructions transitives directes et pronominales d'un grand nombre de verbes de sentiment suscite l'idée de décrire la relation entre ces constructions comme une relation diathétique. Maurice Gross

(2000 : 29-30) a considéré la construction pronominale comme une forme du passif[1] :

(3)   Luc énerve Léa = Léa s'énerve contre Luc [passif] (Gross ibid.)

Cependant, ces constructions se distinguent considérablement du passif réfléchi illustré par l'exemple suivant :

(4)   La transaction se fait en ce moment

Tandis que la fonction du passif est celle d'une topicalisation de l'argument le plus passif, la construction pronominale des verbes de sentiment topicalise l'EXPÉRIENT en tant qu'un argument plus actif. Si on compare les constructions passive et pronominale d'un même verbe de sentiment, le contraste d'activité entre les deux sujets saute aux yeux :

(5)   a. Clémence était scandalisée d'entendre son mari parler comme ça (FRAN-TEXT : L'HÈTE, J.)
        b. Je me scandalisais de cette « perversion », de ces « bas instincts » que je découvrais en moi (FRANTEXT : BEAUVOIR, S. de)
(6)   a. J'ai souvent été offusquée de voir Jarrett attacher aussi peu d'importance à l'avenir de ses enfants (FRANTEXT : MONÉSI, I.)
        b. Jeune épouse, elle s'était offusquée de mes écarts, mais à peu près comme son oncle s'irritait de mes dettes (FRANTEXT : YOURCENAR, M.)

La topicalisation d'un argument actif ressemble à la construction anti-passive des langues ergatives. Bien qu'on y trouve des constructions aussi bien passives qu'anti-passives, les exemples donnés prouvent qu'une langue accusative comme le français peut également avoir à la fois les deux types de constructions diathétiques.

En résumé, il faut distinguer des verbes monovalents en excluant les constructions pronominales des verbes transitifs à EXPÉRIENT objet, des verbes bivalents transitifs directs et indirects à EXPÉRIENT sujet et à EXPÉRIENT objet et les verbes trivalents à l'EXPÉRIENT sujet et objet.

Les approches de Belletti et Rizzi (1988), de Pesetsky (1988 [1995] et de Grimshaw (1990), qui ont dominé la discussion internationale, avaient pour objectif d'expliquer pourquoi l'EXPÉRIENT exerce des fonctions syntaxiques si différentes (la fonction du sujet et les fonctions de complément d'objet direct ou indirect), tandis que l'AGENT des verbes du type *manger, écrire* ou *battre* se réalise toujours dans la fonction du sujet. La réponse que je donne dans Kailuweit (2005) repose sur une classification des rôles sémantiques des verbes de sentiment selon leur degré d'activité.

Mon argumentation part des quatre rôles distingués par Pesetsky ([1988] 1995). Selon cet auteur, les verbes de sentiment attribuent, par définition, le rôle EXPÉRIENT à un de leurs arguments. En plus, ces verbes peuvent réaliser ou bien

---

1. « Nous avons proposé […] de lier des paires comme : *l'attitude de Luc étonne Léa* = *Léa s'étonne de l'attitude de Luc* par la relation "se-Passif" qui présente une permutation de N0 et de N1 (direct), l'insertion de la préposition agent *de*. Mais au lieu de l'auxiliaire *être*, la relation introduit le pronom réfléchi *se* » (Gross 2000 : 29).

un rôle CAUSEUR, ou bien un des rôles TARGET ou SUBJECT-MATTER. La distinction de ces derniers rôles reste assez vague chez Pesetsky. Cependant, elle se laisse facilement illustrer à l'aide des deux constructions du verbe *craindre* :

(7)   a. Paul craint son père
        b. Paul craint pour son père

Dans le premier exemple, le père est l'objet de la peur. Il est le CORRÉLAT DE L'INTENTIONNALITÉ au sens de Ruwet. Dans le deuxième exemple, ce n'est pas le père qui inspire de la peur à Paul. C'est quelque danger qui reste implicite et auquel le père est exposé. Le CORRÉLAT de la peur de Paul est donc ce danger et le père peut être considéré un POINT DE RÉFÉRENCE par lequel ce CORRÉLAT peut être déterminé. Je distingue donc quatre rôles :

(8)   EXPÉRIENT, CAUSEUR, CORRÉLAT (d'intentionnalité), POINT DE RÉFÉRENCE

Les rôles CAUSEUR et CORRÉLAT peuvent être attribués au même argument, mais aussi, et contrairement à ce que prétend Pesetsky, à deux arguments différents. La distribution des fonctions syntaxiques dépend du degré d'activité de l'EXPÉRIENT et du CORRÉLAT qui peut être en même temps ou non le CAUSEUR du sentiment. L'un des facteurs qui influencent le degré d'activité de l'EXPÉRIENT est le caractère épisodique ou non du sentiment. Un sentiment épisodique comme la colère se caractérise par un changement de l'état émotionnel de l'EXPÉRIENT dans une situation donnée. En revanche, un sentiment non épisodique comme la haine se produit par rapport à un jugement subjectif de l'EXPÉRIENT qui se fonde sur un nombre indéterminé d'expériences concrètes ou alors, dans le cas de la haine raciale, ne s'appuie sur aucune expérience concrète. Le composant de jugement subjectif rend L'EXPÉRIENT d'un sentiment non épisodique plus actif que celui d'un sentiment épisodique. Un autre facteur qui augmente le degré de l'activité de l'EXPÉRIENT est la visibilité d'un comportement émotionnel causé par le sentiment.

Fig. 1 : Contraste d'activité entre l'EXPÉRIENT et le CORRÉLAT d'intentionnalité.

1	2	3	4	5
CORRELAT (agentif-) causatif	EXPÉRIENT souffrant d'un changement d'état émotionnel dans une situation concrète (affecté)	EXPÉRIENT caractérisé par un composant de jugement	EXPÉRIENT caractérisé par un comportement émotionnel	EXPÉRIENT non affecté ; composant de jugement fort
verbes transitifs directs à EXPÉRIENT objet	verbes transitifs directs à EXPÉRIENT objet	verbes transitifs indirects à EXPÉRIENT objet (verbes transitifs directs à EXPÉRIENT sujet)	verbes transitifs indirects à EXPÉRIENT sujet	verbes transitifs directs à EXPÉRIENT sujet (verbes transitifs indirects à EXPÉRIENT sujet)
amuser, déranger, énerver, étonner, froisser, séduire,	frapper, horripiler, indigner, intéresser, réjouir	plaire (adorer, aimer)	enrager contre/de, jubiler de	admirer, aimer, haïr (tenir à)

Le contraste d'activité entre les arguments détermine le choix des fonctions syntaxiques. Un CORRÉLAT agentif-causatif est l'argument le plus actif et se réalise comme sujet. Un EXPÉRIENT affecté est un argument plutôt passif et exerce la fonction d'objet. Si le composant de jugement d'un EXPÉRIENT affecté est plus important, le degré d'activité de cet argument est moyen. Il se réalise prototypiquement en fonction de complément d'objet indirect. L'EXPÉRIENT caractérisé par un comportement émotionnel est plus actif et se réalise en fonction de sujet. Il en va de même pour l'EXPÉRIENT d'un verbe de sentiment non épisodique avec un composant de jugement fort. Dans ce cas, le contraste d'activité est si grand qu'il se manifeste prototypiquement par une construction transitive directe à sujet EXPÉRIENT.

I. LES SOUS-CLASSES DE KAILUWEIT (2005) COMPARÉES AVEC CELLES DE *LVF*

I.I. Verbes bivalents transitifs directs à EXPÉRIENT objet

La classe la plus nombreuse est celle des verbes transitifs directs à EXPÉRIENT objet. Cette classe équivaut à la sous-classe P2a de *LVF* (*Les Verbes français*, de Dubois et Dubois-Charlier). Dans Kailuweit (2005), la seule sous-classification explicite de cette classe est celle entre les verbes qui ont un CORRÉLAT agentif-causatif et ceux qui n'ont pas un tel CORRÉLAT. Cette distinction correspond dans une certaine mesure à celle de *LVF* d'un sous-type à sujet non-animé. Dans Kailuweit (2005), les critères pour une telle sous-classification sont, entre autres, les tests d'agentivité suivants :

Combinaison avec des adverbes *exprès* ou *délibérément*

(9)   a. Je ne me sentais pas inhumaine ; je ne faisais pas exprès de choquer ; vivre comme tout le monde, ça ne me tentait pas du tout (FRANTEXT : BEAUVOIR, S. de)
        b. *Jean a délibérément frappé Pierre (Ruwet 1972b : 199, exemple 69)

Combinaison avec *facile à* :

(10)   a. Claude est facile à déranger
        b. *Claude est facile à attirer

Les tests ne donnent pas toujours des résultats univoques. Selon les jugements de locuteurs de langue maternelle française, les verbes suivants sont des représentants prototypes des deux sous-classes :

Verbes agentifs-causatifs

(11)   amuser, attendrir, blesser, calmer, consoler, contrarier, décourager, déranger, distraire, effrayer, encourager, ennuyer, exciter, rassurer, satisfaire, stimuler

Verbes non agentifs-causatifs

(12)   affecter, attirer, emporter, frapper, intéresser, obséder, préoccuper, remuer, révolter

1.2. Verbes bivalents transitifs directs à EXPÉRIENT sujet

Cette classe correspond aux sous-classes P1i et P1j de *LVF*. La distinction entre un objet humain et non-humain ne me paraît pas pertinente, étant donné que le CORRÉLAT est toujours un état de chose. On n'aime, ne craint, ne déteste, etc. pas un objet ou une personne en soi, mais en tant que porteur de certaines propriétés.

En comparaison avec les verbes transitifs indirects à EXPÉRIENT sujet, le composant de jugement paraît plus fort :

(13)   Elle aimait Antoine mais elle tenait à Charles, Antoine faisait son bonheur et elle ne faisait pas le malheur de Charles (FRANTEXT : SAGAN, F.)

(14)   a. Il ne faut jamais mépriser son travail, si humble soit-il, car ce mépris finit par envahir toute la vie et on ne trouve bientôt plus rien qui soit digne d'application (FRANTEXT : DUTOURD, J.)
b. Le garçon, âgé de 12 ans, répugnait au travail scolaire (FRANTEXT : DOLTO, F.)

1.3. Verbes bivalents transitifs indirects à EXPÉRIENT objet

Cette classe contient surtout les verbes du type *plaire*. Elle correspond à la sous-classe P2b de *LVF*. J'y ajoute le verbe *manquer* dont la construction à EXPÉRIENT objet n'est pas prise en considération dans la classe des verbes psychologiques de *LVF* (mais dans celle des verbes U : union/séparation) :

(15)   a. J'aimais bien la Grande Ourse et elle me manque (FRANTEXT : MAURIAC, C.)
b. Elle pouvait encore rencontrer le publicitaire le plus athlétique de tout Paris, et savoir le rendre fou de jalousie, il lui manquerait toujours d'avoir passé les étés d'autrefois au bord d'une plage pluvieuse, dans une villa vaste et sonore, aux cloisons tapissées de rires d'enfants et d'une légère poussière (FRANTEXT : LAINÉ, P.)
c. Mais les forêts manquaient à l'enfant (FRANTEXT : GERMAIN, S.)

1.4. Verbes bivalents transitifs indirects à EXPÉRIENT objet

Cette classe, négligée dans la discussion anglophone, correspond à la sous-classe P1c de *LVF*. Dans Kailuweit (2005), je distingue des verbes qui désignent un sentiment épisodique de ceux qui se réfèrent à un sentiment non épisodique :

Verbes de sentiment non-épisodiques

(16)   craindre pour, répugner à, souffrir de, sympathiser avec, tenir à

Verbes de sentiment épisodiques

(17)   bander pour, enrager de/contre, exulter de/sur, jubiler de, rager de/sur

1.5. Verbes trivalents

Dans Kailuweit (2005), je distingue les sous-classes suivantes :

Verbes à sujet CAUSEUR, complément objet direct EXPÉRIENT et complément d'objet indirect CORRÉLAT :

(18)   La rencontre de cette femme merveilleuse a dégoûté Alfred de sa vie de bâton de chaise (Ruwet 1993 : 108)

Verbes à sujet CAUSEUR, complément objet direct EXPÉRIENT et complément d'objet indirect POINT DE RÉFÉRENCE :

(19)   Ces scènes m'indisposent contre lui sans m'indigner contre les occupants (FRANTEXT : SARTRE, J.-P.)

Verbes à sujet EXPÉRIENT, complément d'objet direct CORRÉLAT et complément d'objet indirect POINT DE RÉFÉRENCE :

(20)   Son médecin Criton, qui craignait pour lui les chaleurs de la canicule, réussit enfin à le décider à se rembarquer pour Rome (FRANTEXT : YOURCENAR, M.)

Verbes à sujet EXPÉRIENT, complément d'objet indirect CORRÉLAT et complément d'objet indirect datif POINT DE RÉFÉRENCE :

(21)   Il n'arrivait même pas à lui en vouloir d'un mensonge avoué avec tant de naturel (FRANTEXT : BEAUVOIR, S. de)

1.6. Verbes monovalents

Cette classe correspond à la sous-classe P1a de *LVF*, qui rassemble des verbes intransitifs dont certains disposent de la diathèse causative. Dans Kailuweit (2005), je ne considère que les verbes suivants comme verbes de sentiment monovalents :

(22)   angoisser, baliser, bicher, bisquer, complexer, culpabiliser, (ne pas) décolérer, déprimer, désespérer, flipper, paniquer, pétocher, stresser

D'un point de vue sémantique, la plupart de ces verbes attribuent à l'EXPÉRIENT un rôle plutôt passif. Suivant Ruwet (1993), on pourrait classer ces verbes comme inaccusatifs – classification confirmée par les verbes italiens correspondants, qui en majorité prennent l'auxiliaire *essere* ('être') pour les temps composés.

CONCLUSION

Dans Kailuweit (2005), j'ai classé 520 verbes de sentiment français comparés à 431 verbes de sentiment italiens. Le nombre des verbes considérés dans *LVF* est considérablement plus élevé. Cependant, il faut se demander combien de verbes de la sous-classe P sont des verbes de sentiment au sens propre si on y applique des critères sémantiques plus rigides.

Au niveau de la sous-classification, on observe un certain parallélisme entre les deux études à l'égard des verbes bivalents. Les constructions répertoriées dans la sous-classe P2c ne sont pas considérées dans Kailuweit (2005), puisqu'elles ne réalisent pas l'argument EXPÉRIENT.

L'objectif de Kailuweit (2005) n'était pas seulement de présenter une classification syntactico-sémantique cohérente, mais d'expliquer, par des critères sémantiques, la gamme des fonctions syntaxiques qu'exerce l'EXPÉRIENT. Sans avoir pu entrer ici dans tous les détails de l'argumentation, j'espère avoir montré que le contraste d'activité entre les différents types d'EXPÉRIENTs et de CORRÉLATS DE L'INTENTIONNALITÉ est le facteur pertinent qui détermine le choix des fonctions syntaxiques.

Références

BELLETTI, A. & R., LUIGI (1988), "Psych-Verbs and θ-Theory", in *Natural Language and Linguistic Theory* 6, 291-352.

CHOMSKY, N. (1965), *Aspects of the theory of syntax*. Cambridge, Mass. : MIT Press.

DUBOIS, J. & DUBOIS-CHARLIER, F. (1997), *Les verbes français*. Paris : Larousse.

GRIMSHAW, J. (1990), *Argument structure*. Cambridge, Mass. / London: MIT Press.

GROSS, M. (1975), *Méthodes en syntaxe. Régime des constructions complétives*. Paris: Hermann.

GROSS, M. (2000), « Sur quelques extensions possibles de l'appellation passif », *in* Schøsler, Lene (ed.) : *Le passif*. København: Museum Tusculanum Press. 23-37.

KAILUWEIT, R. (2005), *Linking: Syntax und Semantik französischer und italienischer Gefühlsverben*. Tübingen: Niemeyer (Linguistische Arbeiten).

LAKOFF, G. (1970), *Irregularity in syntax*. New York etc.: Holt, Rinehart and Winston.

PESETSKY, D. (1995), *Zero syntax. Experiences and cascades*, Cambridge, Mass. / London: MIT-Press.

RUWET, N. (1972), « À propos d'une classe de verbes "psychologiques" », in *Théorie syntaxique et syntaxe du français*. Paris. Seuil : 181-251.

RUWET, N. (1993), « Les verbes dits "psychologiques". Trois théories et quelques questions », *Recherches Linguistiques de Vincennes* 22 : 95-124.

RUWET, N. (1994), « Être ou non pas être un verbe de sentiment », *Langue Française* 103 : 45-55.

RUWET, N. (1995), « Les verbes de sentiment forment-ils une classe distincte dans la grammaire ? », *in* Shyldkrot, Hava bat-Zeev / Kupferman, Lucien (eds.) : *Tendances récentes en linguistique française et générale. Volume dédié à David Gaatone*. Amsterdam / Philadelphia: John Benjamins : 345-362.

Dominique Dutoit
CRISCO FRE 2805, Université de Caen
& MEMODATA, Caen
Jacques François
CRISCO FRE 2805, Université de Caen

Changer et ses synonymes majeurs entre syntaxe et sémantique : le classement des *VERBES FRANÇAIS* en perspective

Le propos de cet article est de procéder à une double mise en perspective de l'espace syntactico-sémantique du verbe *changer*. Il s'agit en premier lieu de comparer la polysémie et polytaxie[1] de ce verbe à celle de ses principaux synonymes sur la base des données délivrées par les 19 entrées de *changer* et les entrées de ses synonymes dans *Les verbes français* de J. Dubois & F. Dubois-Charlier (désormais abrégé *LVF*, cf. § 1). Les synonymes sélectionnés le sont sur la base d'un examen approfondi des 'cliques de synonymes' de *changer* délivrées par le *Dictionnaire Électronique des Synonymes* (abrégé *DES*) du CRISCO. En second lieu, l'articulation de la polysémie de *changer* issue de l'agrégation des entrées de *LVF* sera comparée avec celle qui ressort du fléchage synonymique de l'espace sémantique de ce verbe à l'aide du *DES* (cf. § 2) et de la microstructure de l'article *changer* – en rapport avec les conditions contextuelles de substitution synonymique – dans le *Lexique Intégral*, dictionnaire électronique relationnel édité par la société MEMODATA (cf. § 3), et dans la version française de *Wordnet*.

---

1. La « polytaxie » est dans notre terminologie le corrélat syntaxique de la polysémie, c'est-à-dire une variation de structure syntaxique corrélée à une variation sémantique. À titre d'exemple *Jean a pensé téléphoner à Marie (mais il s'est trompé de numéro)* est équivalent à *Jean a pensé qu'il téléphonait à Marie* pour autant que le clitique *il* renvoie bien à Jean. La variation syntaxique n'est donc pas corrélée à une variation sémantique et il n'y a pas de « polytaxie ». En revanche entre *Jean a pensé téléphoner à Marie* et *Jean a pensé à téléphoner à Marie*, la présence ou l'absence de la préposition *à* induit une variation sémantique notable : dans le second cas Jean n'a pas oublié de téléphoner à Marie (on ne peut cependant pas en déduire qu'il l'ait effectivement jointe, mais l'intention de lui téléphoner est assertée). Dans ce second cas les deux constructions ne sont pas équivalentes et il y a une polytaxie.

I. CHANGER DANS *LES VERBES FRANÇAIS*

Le choix de ce verbe tient à une corrélation remarquable entre l'une des 14 classes génériques des *Verbes français*, la classe 'T' définie comme '(FAIRE) DEVENIR TEL', et l'ensemble des entrées constituant la polysémie du verbe *changer*. Ce verbe présente en effet 19 entrées (dont 3 pronominales : **changer(s) 12, 18, 19**) dont 16, soit 84 %, relèvent de cette classe générique. C'est donc le verbe 'phare' de cette classe. Ces 16 entrées se subdivisent elles-mêmes en 6 entrées de la classe T2 (transitions ± causatives figurées à sujet humain), 7 entrées de la classe T3 (transitions ± causatives non figurées à sujet non humain) et 3 entrées de la classe T4 (transitions ± causatives figurées à sujet non humain).

Les 3 entrées restantes relèvent des classes

E2, « (faire) sortir/venir » —→ **changer 08** : emplois métaphoriques à sujet humain en construction pronominale ou objet humain en construction transitive, paraphrasé par *distraire*, ex. *Voir Vezoul nous changerait de Vierzon.*

N1, « (dé)munir qn de qc' » —→ **changer 18(s)** : emplois non métaphoriques à sujet humain en construction pronominale primaire[2] ou objet humain en construction transitive, paraphrasé par *changer de vêtements*, ex. *Tu es sale, va te changer !*

et R4, « créer, fabriquer, mettre dans un état » —→ **changer 06** : emplois métaphoriques à objet non humain en construction transitive ou sujet non humain en construction pronominale, ex. *Je vais changer le bébé.*

Le tableau 1 reproduit, pour les 19 entrées du verbe *changer*, les cinq rubriques principales de *LVF* (à l'exception de la rubrique de dérivation déverbale qui n'est pas pertinente ici) et ajoute en dernière colonne le schéma syntaxique[3]. Les entrées sont ordonnées par classe générique et pour la classe 'T' par classe syntactico-sémantique.

I.I. L'« adresse principale » de chaque entrée lexicale et son schème syntaxique

Les abréviations de la rubrique 'Classe' – que la Présentation de ce numéro désigne comme « *l'adresse principale* » de l'entrée lexicale – se subdivisent en :

I. une classe générique,

II. une spécification syntactico-sémantique[4] et

---

2. Lorsque les auteurs articulent le schème syntaxique en une construction pronominale **Pxxxx** suivie d'une construction transitive **Txxxx**, la construction pronominale est considérée comme primaire, la construction transitive étant dérivée par une transformation factitive.

3. Nous rappelons que, dans *Les verbes français*, chaque entrée lexicale est atteinte à partir de ce que la Présentation de ce numéro appelle son 'adresse', laquelle se décompose en une adresse principale (mentionnant la classe générique, la classe sémantico-syntaxique et la sous-classe syntaxique) qui figure dans l'index et une adresse complémentaire (le sous-type et le schème syntaxique). Celui-ci peut rassembler jusqu'à 4 constructions, ce qui signifie qu'une entrée est attachée à un ensemble sémantiquement et syntaxiquement structuré de 1 à 4 constructions.

4. Avec pour les classes concernées ici, un classement croisé en fonction des deux critères (i) d'humanité du sujet en construction intransitive ou pronominale ou de l'objet en construction transitive et (ii) d'emploi propre ou figuré, qui opposent conjointement les classes 1 (sujet humain & non-figuré), 2 (sujet humain & figuré), 3 (sujet non-animé & non-figuré) et 4 (sujet non-animé & figuré).

Tableau 1 : Les 19 entrées du verbe *changer*, ordonnées par adresse principale.

Entrée	Classe	Opérateur	Sens[5]	Phrase	Constr
changer 08	E2b	f.ex qn D abs	distraire	Ceci c~P de ses ennuis. On se c~de ses soucis en sortant.	T3Ib0 PI0b0
changer 18(s)	NIa	mun soi D hab-nv	changer de vêtements	On se c~pour sortir. On c~un enfant de vêtements.	PI0b0 TIIb0
changer 06	R4c	m.e.état abs	modifier	On c~le sens avec une virgule.	TI306 P3000
changer 12(s)	T2a	mut qn E autre	transformer[5]	La prison a c~P en un monstre. Cet homme se c~en démon.	PI0j0 T3Ij0
changer 15	T2a	(qn)mut abs	évoluer, varier	On c~avec le temps.	AI6
changer 04	T2e	li.mut D place av qn	remplacer par qc, qn	On c~sa voiture, les invités de place.	TI9b0
changer 10	T2e	li.mut D abs	passer de qc à qc autre	On c~de poste, d'orientation dans ses études.	NIb
changer 16	T2e	li.mut D qn	remplacer p qn d'autre	On c~de directeur.	NIb
changer 17	T2e	li.mut D situa av qn	modifier affectation de	On c~P de poste.	TI9b0
changer 19(s)	T3b	(qc)mut soi E autre	se résoudre en	La neige se c~en pluie.	P30j0
changer 02	T3d	mut monnaie E autre	convertir	On c~des dollars en francs. Cette monnaie ne se c~pas.	TI3j0 P30j0
changer 01	T3f	li.mut CT/PR	échanger contre	On c~des livres pour des disques, une place pour une autre.	TI3k0
changer 03	T3f	li.mut D obj	remplacer	On c~d'assiettes.	NIb
changer 07	T3f	li.mut D hab	s'habiller autrement	On c~de vêtements.	NIb
changer 09	T3f	li.mut AV qc	remplacer qc contre	On c~les perles du collier pour des diamants.	TI3c0 P8000
changer 11	T3f	li.mut D véh	prendre autre transport	On c~de ligne à la station Châtelet. On c~de train, d'avion.	NIb
changer 13	T4d	(qc)mut E autre	évoluer	La ville c~d'aspect. Le pays c~beaucoup.	A30
changer 14	T4d	(qc)mut d aspect	muer	La voix c~.	A30
changer 05	T4e	li.mut CT/PR	troquer	On c~un métier avec, pour une autre activité.	TI3k0

III. une spécification proprement syntaxique.

À cette adresse hiérarchisée en trois niveaux se rattache plus ou moins directement le schème syntaxique de la rubrique « *Constr*(uctions) »[6]. Pour les 3 entrées **changer 13, 14, 15**, le schème syntaxique se limite à une construction intransitive (**Axx**). Pour

---

5. *LVF* donne le « sens », soit par des synonymes (commutables avec l'entrée dans l'emploi considéré), soit par des périphrases ou parasynonymes faisant comprendre ce dont il s'agit, mais non commutables avec l'entrée. L'entrée **changer 12(s)** étant pronominale avec une valeur diathétique médio-passive, le sens devrait être paraphrasé par *se transformer* et non *transformer*.
6. Pour le détail des codes de spécification des sujet et objets, voir l'article introductif.

les 5 entrées **changer 03, 07, 10, 11, 16**, le schème se limite à une construction transitive indirecte invariante **N1b**, où '1b' spécifie un sujet humain et un complément introduit par la préposition *de*, ce que confirme la mention « D » dans la rubrique 'Opérateur'. Seule l'entrée **changer 19(s)** présente un schème limité à une construction pronominale **P30j0**, où '3' spécifie un sujet 'chose' et 'j' la préposition *en* (confirmée par la mention « E » dans la rubrique 'Opérateur'). Les deux entrées **changer 01, 05** ont pour schème syntaxique la construction **T13k0**, où '1' spécifie un sujet humain, '3' un objet 'chose' et 'k' la préposition *contre* ou *pour*, tandis que deux autres entrées, **changer 04, 17** sélectionnent la seule construction **T19b0** où '1' spécifie un sujet humain, '9' un objet humain ou chose et 'b' la préposition *de*. Enfin les 9 entrées dont le schème syntaxique comporte deux types de constructions, transitive et pronominale, entrent dans deux catégories.

Pour deux entrées, **changer 12(s)** et **changer 18(s)**, la construction pronominale est primaire. L'entrée **changer 12(s)** est décrite par la valeur d'opérateur « mut qn E autre », qui se lit « quelqu'un subit une mutation en un autre être ». La valeur factive de la construction transitive (**T31j0**), avec sujet 'chose', objet humain et préposition *en* :

(1)   *La prison a changé Paul en un monstre.*

est considérée par les auteurs comme dérivée de la construction pronominale (**P10j0**, avec sujet humain et préposition *en*) :

(2)   *Cet homme se change en démon.*

Dans le cas de **changer 18(s)**, l'emploi vestimentaire N:x *se change (de vêtement)* (**P10b0**, avec sujet humain et préposition *de*) est introduit comme la construction de base dont est dérivée N:y *change* N:x *(de vêtement)* (**T11b0**, avec sujet et objet humain et préposition *de*). Si la sous-catégorisation [+humain] ('1') du sujet de la variante transitive de **changer 18(s)** est pertinente, en revanche, pour **changer 12(s)**, on pourrait avantageusement remplacer la valeur [−animé] ('3') du sujet de cette même variante transitive par '9' (humain ou chose), car un être humain peut évidemment changer quelqu'un en quelqu'un d'autre :

(3)   *Le neurochirurgien a changé le brave homme en un tueur.*

Pour les 8 autres entrées, le schème est constitué d'une construction transitive primaire et d'une construction pronominale dérivée. Toutefois la valeur de DIATHÈSE de cette dernière construction peut varier.

Pour les entrées **changer 02, 06, 09**, la construction pronominale a une valeur récessive – selon la terminologie de Lucien Tesnière – ou médio-passive. Pour **changer 02 (T13j0 P30j0)**, le '3' de la construction transitive qui spécifie en seconde position un objet 'chose' se retrouve en première position dans la construction pronominale puisqu'il spécifie alors un sujet 'chose'. Dans les deux cas, la préposition symbolisée par 'j' reste *en*. Pour **changer 06 (T1306 P3000)**, le '6' en quatrième position de la construction transitive symbolise un instrumental[7]. Pour **changer 09 (T13c0 P8000)**, relativement à l'exemple qui l'accompagne :

---

7. On s'attendrait ici à ce que cet instrumental soit également mentionné dans la construction pronominale qui pourrait être notée **P3006**. En outre l'instrumental peut exercer la fonction de sujet (ex. *Une virgule change le sens*) si bien que la construction **T1306** donne implicitement accès à **T3300** (alternance que les auteurs semblent considérer comme trop régulière pour être notée dans tous les schèmes syntaxiques concernés).

(4)   *On change les perles du collier pour des diamants.*

'c' symbolise l'une des trois prépositions *pour*, *avec* ou *contre*. La quatrième position de la construction transitive étant réservée à la mention d'un constituant circonstanciel (instrumental ou manière en priorité), la sous-catégorisation du complément (*pour*) *des diamants* n'est pas en cause. En revanche, ce sont bien les diamants qui sont spécifiés par '8' (qc+pluriel) en première position de la construction pronominale. Puisque *les perles* constitue un ensemble d'objets au même titre que *les diamants,* il serait plus pertinent d'avoir la même symbolisation (soit '3' pour chose', soit '8' pour 'chose+pluriel').

L'entrée **changer 08 (T31b0 P10b0)** se distingue sur deux points. D'une part les auteurs ne prévoient pas un sujet humain en construction transitive :

(5)   *Ceci change Paul de ses ennuis* $\longrightarrow$ **T31b0**

vs.

(6)   *?? Marie change Paul de ses ennuis* $\longrightarrow$ **T11b0**

D'autre part la valeur diathétique de la construction pronominale :

(7)   *On se change de ses soucis en sortant.*

est problématique : d'un côté elle n'est manifestement pas médio-passive, car le sujet est clairement un agent, mais comme le sujet humain est improbable en construction transitive, la valeur réfléchie est également douteuse :

(8)   *?? Paul se change lui-même de ses soucis.*

Les auteurs ont donc eu sans doute raison de pointer – de manière assez dérobée, il faut le reconnaître – sur cette alternance atypique.

1.2. Les valeurs d'opérateurs

Tous les emplois relevant de la classe 'T' comportent le constituant de sens « mut » (pour mutation). Dans 10 entrées, « mut » est combiné à « li » qui évoque un « lien » – raison pour laquelle ce constituant d'opérateur apparaît massivement dans la classe générique 'U' définie comme « lier, détacher, fermer, ouvrir ». Ici « li » pointe sur la substitution d'un objet à un autre, par ex. dans **changer 04** (« li.mut D place av qn »[8]) :

(9)   *On change sa voiture de place.*

la substitution concerne la place de la voiture, dans **changer 10** (« li.mut D abs »[9]),

(10) *On change de poste.*

elle porte sur le poste, dans **changer 16** (« li.mut D qn »[10])

(11)   *On change de directeur.*

elle porte sur la personne exerçant la fonction de directeur, dans **changer 17** (« li.mut D situa av qn »)[11]

---

8. « mutation-liée DE place avec quelqu'un »

9. « mutation-liée DE + abstrait »

10. « mutation-liée DE quelqu'un »

11. « mutation-liée DE situation avec quelqu'un »

(12)   *On change Paul de poste.*

– qui se présente comme la variante causative de **changer 10** – elle porte sur l'affectation professionnelle de Paul, etc. La préposition introduisant le constituant subissant le changement, modification ou substitution est mentionnée par D(e), E(n), AV(ec), CT/PR (*contre/pour*). Dans le cas de **changer 14**, la valeur d'opérateur « (ac)mut d'aspect » introduit le 'd' en minuscules parce que la construction est intransitive (**A30**) et non transitive indirecte (*la voix change*, elle ne change pas *de qc*).

La valeur d'opérateur peut comporter des restrictions de sélection : *place* (**changer 04**), *situa*(tion) (**changer 17**), *monnaie* (**changer 02**), *obj*(et) (**changer 03**), *hab*(it) (**changer 07**), *véh*(icule) (**changer 11**), *autre*[12] (**changer 13**), *aspect* (**changer 14**). Cette restriction est souvent explicitée par la rubrique « Sens », ex. pour **changer 07** « s'habiller autrement » ou pour **changer 11** « prendre autre transport ».

En conclusion (cf. tableau 2), les 19 entrées de *changer* se répartissent en 5 groupes, dont deux variantes de la classe générique 'T', avec valeur de TRANSFORMATION (6 entrées) ou de SUBSTITUTION (10 entrées). Quantitativement, la valeur de substitution (synonymes : *remplacer, renouveler, échanger*) couvre près de la moitié des emplois distingués par J. Dubois & F. Dubois-Charlier et est donc largement dominante.

Tableau 2 : Répartition des 19 entrées lexicales du verbe *changer* en fonction de la classe générique et pour la classe 'T' de la valeur d'opérateur « mut » vs. « li.mut ».

Classe générique 'T'		Classe générique autre que 'T'		
Valeur d'opérateur « mut » : transformation	Valeur d'opérateur « li.mut » : substitution	E : « (faire) sortir/venir »	N : « (dé)munir qn de qc »	R : « créer, fabriquer, mettre ds un état »
12(s), 15, 19(s), 02, 13, 14	04, 10, 16, 17, 01, 03, 07, 09, 11, 05	08	18(s)	06

2. LES SYNONYMES MAJEURS DE *CHANGER* SELON LE *DES* ET LEUR TRAITEMENT DANS *LVF*

Nous avons dit plus haut que le verbe *changer* présente la particularité remarquable d'être la vedette 'phare' de la classe générique 'T' des verbes de transition. Dans quelle mesure les synonymes majeurs de *changer* partagent-ils cette particularité ? La méthode que nous proposons pour évaluer ce degré de correspondance entre l'espace syntactico-sémantique de chacun des synonymes majeurs de *changer* consiste, après avoir explicité le choix de ces synonymes à l'aide des cliques de synonymes du *Dictionnaire Électronique des Synonymes* du CRISCO, à examiner l'éventail de leurs entrées dans *LVF* et à les comparer une

---

12. 'autre' ne peut se comprendre qu'en rapport avec la sélection du sujet, ex. *La ville change d'aspect → La ville devient autre.*

45

par une aux 19 entrées de *changer* et plus particulièrement aux 16 entrées de ce verbe relevant de la classe générique 'T'. Nous montrerons ainsi qu'un seul verbe, *transformer*, partage cette particularité[13]. Nous décrirons ensuite l'articulation de l'espace sémantique de *changer* en y faisant apparaître le sous-espace de ses synonymes majeurs qu'ils partagent avec *changer*.

La méthode de fléchage synonymique de la polysémie du verbe *changer* délivre 9 synonymes centraux (ou 'foyers de polysémie') classables en fonction du type syntaxique des emplois de la vedette[14].

(i) Emplois proprement transitifs (correspondant aux entrées proprement transitives **changer 04, 05, 17** et primairement transitives **changer 02, 06, 08, 09** de *LVF*) : *transformer* (22 syn.), *déplacer* (16 syn.,) *altérer* (14 syn.), *modifier* (12 syn.), *renouveler* (11 syn.) ;

(ii) emplois intransitifs (correspondant aux entrées **changer 13, 14, 15**), primairement pronominaux (correspondant à la vedette distincte **se changer**) ou transitifs indirects (correspondant aux entrées **changer 03, 07, 10, 11, 16**) : *évoluer* (7 syn.), *se retourner* (7 syn.), *se transformer* (7 syn.).

Parmi les synonymes centraux, seul *dévier* (3 syn.) partage la propriété de 'labilité' (M. Larjavaara) ou de 'renversement' (M. Rothemberg) de *changer* (*la fusée dévie de sa trajectoire* ↔ *change de trajectoire* vs. *le centre de contrôle dévie* ↔ *change la trajectoire de la fusée*). Il partage donc ses emplois transitifs et intransitifs[15].

Sur les 9 synonymes centraux répertoriés, deux occupent une place secondaire parce qu'ils partagent un nombre important de cliques de synonymes avec un autre synonyme plus central. Ce sont *altérer* qui partage 8 de ses 17 synonymes avec *transformer*, et *modifier* qui partage 6 de ses 14 synonymes avec *renouveler*.

---

13. Ce serait également vrai de *modifier*, qui présente trois entrées de même classe R4c avec le noyau d'opérateur « m.e.état », mais ce verbe a été écarté de la liste des synonymes centraux parce que tous ses emplois sont paraphrasables par *transformer*.

14. Nous renvoyons à la section 3.2 p. 13-28 de François (2005) pour la présentation de l'application au verbe *changer* de la méthode de fléchage synonymique de la polysémie verbale et pour la comparaison avec l'article *changer* du *Petit Robert* et les analyses lexicologiques de J. Picoche (1986 : 51-57), B. Pottier (1987 :147-154) et J.-J. Franckel (2005). La méthode se fonde sur l'exploitation des 'cliques de synonymes', chaque clique étant un ensemble constitué de la vedette et d'un sous-ensemble particulier de ses synonymes (fournis par les dictionnaires-sources) entretenant une relation de synonymie mutuelle. Chaque clique de synonymes constitue une 'coordonnée de sens' dans un espace sémantique doté d'autant de dimensions que la vedette a de synonymes. La matrice de co-appartenance brute des synonymes aux cliques évalue le poids des liens entre synonymes en fonction du nombre de cliques qu'ils partagent. La matrice de co-appartenance différentielle permet au surplus pour toute paire de synonymes liés d'ordonner la paire entre centre et périphérie en fonction du nombre de cliques partagés par chacun des deux synonymes de la paire avec la vedette. Les paires de synonymes construisent bout à bout des chaînes d'accès des synonymes ultrapériphériques aux synonymes centraux désignés comme 'foyers de polysémie'.

15. Il est à noter que les deux synonymes qui donnent accès au synonyme central labile *dévier* sont l'un transitif (*écarter* ↔ *dévier*, trans.), l'autre intransitif (*bifurquer* ↔ *dévier*, intr.).

2.1. Le traitement des synonymes majeurs de *changer* dans LVF

Faute de place, seul les trois synonymes majeurs de *changer* selon le *DES* dont la majorité des entrées de *LVF* autorise une paraphrase par *changer* seront présentés et disposés ci-après par proportion décroissante d'entrées paraphrasables à l'aide de *changer*.

➤ *se transformer*[16]

Transformer 02(s) est étroitement apparenté à **changer 12(s)** : même classe syntaxique T2a, même composant « mut E » de l'opérateur, même schème syntaxique à priorité pronominale **P10j0 T31j0** (où '1' symbolise un sujet resp. objet humain, '3' un sujet chose et 'j' la préposition *en*, curieusement absente des deux exemples). **Transformer 04(s)** partage avec les deux entrées précédentes un type de schème syntaxique à priorité pronominale (**P10j8 T31j0**), où '8' (**Pxxx8**) symbolise un instrumental ou moyen correspondant manifestement au '3' (chose) de la construction transitive (**T3xxx**), un peu mystérieux car les deux exemples sont pronominaux. En complément illustratif, on peut imaginer un exemple transitif tel que

(13)   *L'évolution a transformé le primate en homme.*

en corrélation avec

(14) *Le primate s'est transformé en homme par / du fait de / au long de l'évolution.*

Il est cependant à noter que si dans l'exemple

(15) *On se transforme intellectuellement avec l'âge.* (**transformer 02(s)**)

l'âge est interprété comme un facteur causal de la transformation, la construction transitive devrait également être de la forme **P10j8** comme pour **transformer 04(s)**.

Pour les deux entrées, une paraphrase par *(se) changer* est possible. Selon le *DES*, *se transformer* est présent dans 4/110 ≈ 4 % des cliques de synonymes de *changer*[17]. Inversement *changer* est présent dans 4/17 ≈ 24 % des cliques de synonymes de *se transformer*. La place de *se transformer* dans l'espace sémantique de *changer* est donc peu significative, celle de *changer* dans l'espace de *se transformer* est non négligeable.

➤ *transformer*

M	classe	opérateur	sens	phrase	schème syntaxique	⇔ *(se) changer*
transformer 02(s)	T2a	mut E forme-autr abs	se modifier bcp	On se t~ intellectuellement avec l'âge. La cure, l'amour a t~ P.	P10j0 T31j0	oui : *(se) changer*
transformer 04(s)	T1a	mut E som	se métamorphoser	Le primate se t~ en homme. La chenille se t~ en chrysalide.	P10j8 T31j0	oui : *se changer*

---

16. *Se transformer* est présent dans 4/110 ≈ 3,6 % des cliques de synonymes de *changer*.

17. *Se transformer* est en revanche absent de l'espace sémantique de l'entrée *se changer* du DES, mais cette absence est non significative car l'entrée *se changer* ne comporte que deux synonymes, *tourner* et *devenir*.

Transformer est pour les emplois transitifs un excellent synonyme, au même titre qu'*évoluer* pour les emplois intransitifs. En effet l'entrée **transformer 01** de la classe R3c présente des analogies frappantes avec **changer 06** de la classe R4c (même descripteur 'modifier', même schème syntaxique **T1306 P3000**, où '6' spécifie une 'modalité (manière, mesure, quantité)'. De même, **transformer 03, 05** partagent avec **changer 02** la valeur d'opérateur « mut ~ E autre », avec les spécificateurs « monnaie » pour **changer 02**, « matière » pour **transformer 03** et « essai (rugby) » pour **transformer 05**.

M	classe	opérateur	sens	phrase	schème syntaxique	←→ *changer*
transformer 01	R3c	m.e.état autre Ic	modifier forme	On t~ un appartement par des cloisons. Le quartier se t~.	TI306 P3000	
transformer 03	T3d	mut matière E autre	convertir	On t~ ce terrain en jardin public. Le sucre se t~ en caramel.	TI3j0 P30j0	oui
transformer 05	T3d	mut essai E autre	changer essai en but	Le joueur de rugby t~ un essai. L'essai se t~, est t~ en but.	TI3j0 P30j0	non

Malgré l'affinité sémantique patente, **transformer 03** n'est pas paraphrasable par *changer*, parce qu'il s'agit d'un emploi en langue de spécialité (**Le joueur de rugby change un essai. *L'essai se change, est changé en but*). Deux entrées sur trois de *transformer* (01, 03) permettent donc une paraphrase par *changer*. Selon le *DES*, *transformer* est présent dans $32/110 \approx 57\,\%$ des cliques de synonymes de *changer* et inversement *changer* est présent dans $32/56 \approx 29\,\%$ des cliques de synonymes de *transformer*. *Transformer* occupe donc une place essentielle dans l'espace sémantique de *changer*, lequel occupe une place plus modeste dans celui de *transformer*[18].

➤ *déplacer*

Aucune des entrées de *déplacer* ne relève d'une des classes syntactico-sémantiques {E2, N1, R4, T2-3-4} des entrées de *changer*. Cependant toutes les entrées relevant de l'une des classes du groupe 'E' : « (faire) sortir/venir » (regroupées en tête, avec un noyau d'opérateur **f.ire** ≈ faire aller ou **f.ex** ≈ faire sortir) ont à voir avec un changement de place spatiale (**déplacer 01, 05, 08**), temporelle (**déplacer 04**) ou abstraite (**déplacer 06, 07**).

Les entrées **déplacer 06** (≈ changer de poste), **01, 07, 08** (≈ changer de place) et **04** (≈ changer de date) permettent la substitution par *changer*, en revanche l'entrée **déplacer 05** ne le permet pas, sans doute parce que dans ce cas l'emploi transitif de *déplacer* est d'ordre métonymique : le patient n'a pas le pouvoir de déplacer le médecin comme on déplace un pion dans un jeu, il persuade seule-

---

18. Cette propriété distinctrice compense la propriété inversée observée plus haut entre *changer* et *se transformer*.

ment le médecin de *se déplacer*. Cet abus de transitivité est exclu avec *changer*[19]. L'entrée **déplacer 05** fait donc partie avec **déplacer 03, 10** relevant des classes 'M3' et 'H3' du groupe des trois entrées non paraphrasables par *changer*. Selon le *DES*, *déplacer* est présent dans 9/110 ≈ 8 % des cliques de synonymes de *changer*, celui-ci étant inversement présent dans 9/39 ≈ 23 % des cliques de synonymes de *déplacer*. *Déplacer* occupe donc une place marginale dans l'espace sémantique de *changer*, tandis que *changer* occupe une place non négligeable dans l'espace de *déplacer*. La proportion plus importante d'entrées de *LVF* paraphrasables à l'aide de *changer* (5/8) tient sans doute à la distinction par les auteurs de trois entrées spécifiant trois sous-types de changement de lieu (**déplacer 01, 07, 08**).

M	classe	opérateur	sens	phrase	schème syntaxique	←→ *changer*
déplacer 06	E1b	f.ex qn D lc	changer de poste, muter	On d~ un fonctionnaire de son poste.	TI138	oui
déplacer 01	E3c	f.ex qc D place	retirer de place	On d~ un vase de la cheminée.	TI3b0 P30b0	oui : *changer de place*
déplacer 07	E4e	f.ire abs SR	orienter autrement	On d~ le sujet, la difficulté. Le problème est seulement d~.	TI3g0 P30g0	
déplacer 08	E1e	f.ire qp qn	déporter, transporter	On d~ la population dans un camp. Ce sont des personnes d~.	TI120	
déplacer 04	E4d	f.ire qc à tps autre	décaler, différer de	On d~ une réunion, un rendez-vous. Le cours ne peut pas se d~.	TI905	oui : *changer de date*
déplacer 05	E1f	f.ire qn chez qn	amener vrs soi	On d~ le médecin. Le chanteur d~ la foule.	TI102	non
déplacer 03	M3b	f.mvt membre, som	mouvoir, bouger	On d~ le bras difficilement. La jambe se d~ difficilement.	TI300 P1000	
déplacer 10	H3f	(qc)val jauge	caler	Le bateau d~ mille tonneaux.	A36	

Pour conclure cette section, la figure 1 reproduit la visualisation selon le *DES* du nuage de points (représentant les cliques de synonymes) constitutif de l'espace sémantique du verbe *changer* sur le plan 2x4, plan sélectionné parce qu'il distingue le plus clairement quatre sous-espaces :

I. celui des synonymes transitifs *renouveler, transformer* et *déplacer*

II. celui des synonymes intransitif *évoluer* et médio-passif *se transformer*

III. celui du synonyme 'labile' *dévier*

IV. et celui du synonyme marginal et atypique *se retourner*

---

19. En revanche une institution peut déplacer un médecin par un acte d'autorité, c'est-à-dire le forcer à exercer en un autre lieu.

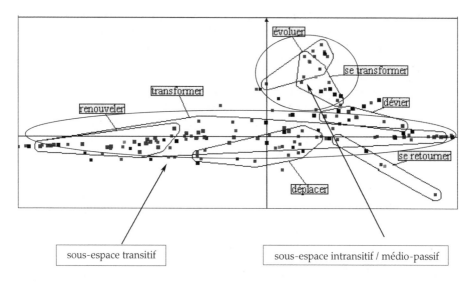

Figure I : Espace sémantique de *changer* (sur le plan 2×4) limité aux aires des synonymes majeurs *déplacer, dévier, évoluer, renouveler, se retourner* et *(se) transformer*

Dans le sous-espace (i) sont paraphrasables à l'aide de *changer* : 2 des 3 entrées de *transformer* selon *LVF*, 5 des 8 entrées de *déplacer* et 4 des 8 entrées de *renouveler* ; dans le sous-espace (ii) les 2 entrées de *se transformer* et 2 des 6 entrées d'*évoluer* ; dans le sous-espace (iii) 2 des 4 entrées de *dévier* et enfin dans le sous-espace (iv) aucune des 6 entrées de *se retourner*[20]. Avec 4 entrées sur 5 paraphrasables à l'aide de *changer* (dont 3 de la classe générique '4' et une de la classe 'R'), seul le verbe *(se) transformer* présente une affinité essentielle avec *changer* dans l'expression du changement.

3. DESCRIPTIONS DE CHANGER DANS LDI[21] ET WORDNET FRANÇAIS[22]

LDI et *WordNet* sont deux réseaux sémantiques contemporains. Ils sont interrogeables au moyen d'Internet. Alexandria[23] permet de les parcourir.

---

20. Concernant *renouveler, évoluer, dévier* et se *retourner*, la proportion d'entrées de *LVF* paraphrasables par *changer* peut être vérifiée à partir de l'index de *LVF* en rassemblant et comparant aux entrées de *changer* les entrées de ces verbes (pour *retourner*, uniquement les entrées pronominales *retourner(s) 15-21*).

21. Pour la description la plus détaillée, voir http://www.Memodata.com/2004/download/these/theseconclue.doc.

22. Sous les responsabilités de l'*Université d'Avignon et des Pays du Vaucluse* (AVI), Laboratoire d'Informatique, et de Memodata (Caen, France). La maintenance est assurée depuis 2000 par Memodata.

23. Alexandria est un *hypermedia multisource* enrichissant les mots des pages web par les articles de dictionnaires qui leur sont associés. En janvier 2006, environ 3000 sites avaient installé Alexandria.

3.1. LDI et WordNet

LDI, abréviation de *Le Dictionnaire Intégral,* est un résultat intermédiaire d'un projet qui a débuté en 1989. Le nom lui-même est venu postérieurement. *Intégral* peut être compris selon les trois acceptions suivantes :

I. « où la signification est présentée sous une forme analytique », que l'on pourra rapprocher des travaux de sémantique componentielle [Greimas 1966, Pottier 1992, Rastier 1987]. À ce sens qui se donne comme éclaté, issu d'une énumération de *traits de sens,* correspond à l'inverse un sens reconstruit, recomposé, où, dans des algorithmes, les traits de sens, et au-delà les traits de sens des traits de sens sont réintégrés en une totalité.

II. Il est apparu plus tard que les objets embarqués (les « traits de sens ») ne constituent pas un bagage suffisant pour décrire tous les phénomènes qu'un dictionnaire devrait traiter. D'autres approches, par exemple syntaxiques ou syntagmatiques, sont précieuses. *LDI* a reçu son nom quand l'équipe de Memodata a décidé la prise en charge d'une partie du Modèle Sens → Texte[24] [I. Mel'čuk 1992], signifiant par là que les propositions de description syntaxico-sémantique doivent pouvoir être gérées. Aujourd'hui, des traces d'autres influences ou d'autres tentatives, souvent abandonnées, sont décelables. C'est par exemple le cas avec les graphes conceptuels [Sowa 84] qui, invitant à la représentation des connaissances, éloignent le dictionnaire du cadre lexicographique sans fournir de réels garde-fous.

III. *LDI* a toujours eu deux destinataires : l'humain et l'ordinateur. Ces destinations radicalement différentes multiplient les terrains descriptifs et la valeur littérale de « intégral ». En effet, cette valeur *qui n'est l'objet d'aucune restriction* deviendrait, une fois complétée de ces deux mots : « *de principe* » → DICTIONNAIRE INTÉGRAL = *dictionnaire qui n'est l'objet d'aucune restriction de principe.*

Autant dire que *LDI* ne respecte pas la consigne de base du dictionnaire qui normalement se concentre sur une vision, une hypothèse ou un public particulièrement définis.

WordNet, et son avatar français, *WordNet-FR,* dont Memodata a été avec Marc El-Bèze (Univ. d'Avignon) l'initiateur, sont bien plus connus que *LDI,* au moins au plan international. Une importante documentation est consacrée à ces réseaux d'ensembles de synonymes contraints par un sens complet, non éclaté comme c'est le cas dans *LDI. WordNet* est un réseau (essentiellement un arbre) d'interrelations entre synsets. Un *synset* est un ensemble de mots tenus pour avoir une même compréhension, laquelle est énoncée dans le *gloss* du *synset.* Dans *WordNet,* la constitution des synsets et des interrelations s'effectue sur une base présentée comme psycholinguistique[25]. Cependant, l'étude de l'organisation du graphe fait apparaître que la plupart des relations retenues sont d'origine linguistique : hyperonymie, méronymie, dérivation etc. Les définitions précédentes entraînent plusieurs différences structurelles entre *LDI* et *WordNet.* Nous en soulignons deux.

---

24. Lequel aboutit à la « production d'un dictionnaire de production, orienté vers le *comment exprimer X* et non vers la compréhension (*que veut dire X*) » (DEC, 1992).
25. L'article du psychologue G. Miller (1978), lui-même issu de G. Miller & Ph. Johnson-Laird (1976) est une source théorique majeure de *WordNet.* Il est analysé en détail dans J. François (1989, p. 178-192).

I. *LDI* est un réseau à base de concepts, de mots et de relations, tandis que *WordNet* est un réseau à base de mots et de relations. Par exemple, un concept *qualificatif du vin* existe dans *LDI*, afin de grouper les adjectifs caractéristiques, tandis que *WordNet* ne réalise pas ce groupement du fait de l'absence de terme générique ou d'hyperonyme en anglais (ou en français) pour une telle liste. WordNet constitue ses ensembles uniquement à partir des regroupements possibles et exigés par une entrée du dictionnaire alors que *LDI* n'a pas cette contrainte. *LDI* utilise le mot « concept » pour désigner tous les objets structurés et structurants qu'il contient. Ces concepts, surtout d'*inspiration componentielle,* prennent toujours un statut non lexical sauf dans le cas des entités nommées.

II. *LDI* est massivement poly-hiérarchique (nombre moyen de pères par nœud : 2,4) et constitue un treillis tandis que *WordNet*, principalement mono-hiérarchique (nombre moyen de pères par nœud : 1,3) ressemble davantage à un arbre. Ainsi *yen* a deux pères dans *LDI* (*unité monétaire* et *Japon*) mais n'en propose qu'un dans *WordNet* (*unité monétaire*), *WordNet* ne fournissant pas de lien pour associer *yen* et *Japon*.

Ces différences structurelles reflètent des vues linguistiques qui à l'origine étaient très différentes de part et d'autre. Concernant les concepts, les auteurs de *LDI* ont considéré l'existence probable de « trous » dans la lexicalisation tandis que l'équipe de *WordNet* a insisté sur l'importance de l'organisation strictement lexicale. Concernant la topologie, les auteurs de *LDI* ont refusé de choisir parmi les catégories possibles tandis que ceux de *WordNet* ont insisté sur le caractère utile voire naturel et même logique de tels choix. En conséquence, la lecture et l'usage des informations proposées tant par *LDI* que par *WordNet* doivent être adaptés à la source utilisée : cela est essentiel tant pour la navigation humaine que pour l'exploitation algorithmique de ces graphes. En fait, ces algorithmes sont très différents et les services que l'on peut en attendre diffèrent profondément. Par exemple, certaines opérations comme le dictionnaire à l'envers permettant de retrouver un mot à partir d'éléments définitoires (ex. *monnaie de Hiro Hito* pour *yen*), ou l'extraction thématique à base componentielle d'un fragment de texte pourra s'envisager avec *LDI* tandis que l'utilisation de classes plus étanches fera de *WordNet* un référentiel plus aisé à manipuler pour certaines tâches en rapport avec les corpus comme la constitution automatisée de classes syntagmatiques.

3.2. Rapprochements actuels LDI et WordNet

Plusieurs facteurs exercent depuis quelques années une pression continue en faveur de rapprochements entre *LDI* et *WordNet* :

• Les moyens de communication modernes : ils permettent une mise en réseau d'équipes situées sur des continents différents

• Le multilinguisme : la DARPA[26] favorise ponctuellement le développement de *WordNet* dans de nombreuses langues. Assurer une compatibilité entre *LDI*

---

26. « *Defense Advanced Research Projects Agency* ».

et *WordNet* c'est aussi s'assurer que les importantes ressources multilingues comprendront effectivement le français, qu'en retour le français ne sera pas isolé dans ce secteur. Aujourd'hui, en partie du fait de ces raisons, Alexandria propose 22 langues.

• Le goût des visions externes : être confronté à une autre vision linguistique, voire à des structures linguistiques différentes de celles qui semblent s'appliquer au français est particulièrement stimulant pour des architectes de bases de données lexicographiques ; par exemple, ces visions ont amené Memodata à considérer des topologies d'hypergraphe plus plastiques que les treillis utilisés depuis l'origine.

• La multiplicité des besoins : aujourd'hui, aussi bien en ce qui concerne *LDI* que *WordNet*, les cas d'utilisation sont si nombreux et variés qu'ils entretiennent un esprit d'ouverture ; si, dans un premier temps, la recherche des compromis tente de satisfaire aux exigences de court terme, dans un deuxième temps, rationalisation et complexification permettent de réintroduire des détails qui ont parfois été supprimés du fait de l'insuffisance des moyens descriptifs.

La convergence actuelle *LDI / WordNet-FR* reflète cet état de fait : tout en restant indépendant, et susceptible d'être entièrement produit d'une façon autonome, *WordNet-FR* est présent comme une vue particulière, applicative et opportuniste de *LDI*. Finalement, les logiciels d'administration de *LDI* gèrent une vingtaine de *WordNet* différents, *LDI*, quelques ontologies et thésaurus, et permettent l'unification des nœuds et des relations entre les ressources lexicales au fur et à mesure de leur rencontre.

3.3. Les entrées de *CHANGER* de LVF vues par *LDI* et *WordNet-FR*

Sans que les auteurs de *LDI* ou de *WordNet-FR* soient particulièrement minimalistes ou essentialistes, il se trouve que le résultat de leur travail ne parvient pas à rendre compte pour *changer* d'une classe générique autre que 'T'. En effet, il n'est pas possible de trouver dans leurs descriptions la trace des opérateurs :

E : « **(faire) sortir/venir** »   [changer (08)]

N : « **(dé)munir qn de qc** »   [changer 18(s)]

R : « **créer, fabriquer, mettre ds un état** » [changer (06)]

Par exemple, ***changer*** **(08)** (*changer* [qqn] *de ses soucis ~ distraire* [qqn] *de ses soucis*), de sens *(faire) sortir / venir* dans *LVF* a pour équivalent le plus proche la classe *faire entrer/faire sortir* dans *LDI* : or, la classe de *LDI* ne comprend pas *changer*. Cette situation se retrouve pour les trois opérateurs donnés. Il serait intéressant de recenser les motifs possibles qui auraient conduit les auteurs de *LVF* à enregistrer ces sens. Mais ce ne serait qu'hypothèses et nous expliquerons plutôt pourquoi, en aucun cas, ces sens ne peuvent être enregistrés dans *LDI*. En étudiant chaque situation de paraphrase, nous schématiserons en quoi ces exemples constituent un micro-corpus de paraphrases sans changement syntaxique mais tel qu'il n'implique pas de synonymie ou de sens partagé en chaque point.

Rendre compte d'une substitution possible entre *changer* et *distraire* peut faire appel à d'autres moyens que celui qui consisterait à charger *changer* d'un opérateur (faire) sortir/venir. Par exemple, un des sens bien connus de *distraire* (« changer ce dont est occupé l'esprit de [qqn] ») fait entrer une des occurrences de *distraire* dans une classe T. *Distraire*, par définition, est hyponyme de *changer*. On pourrait noter cela : *distraire = changer + ObjetIncorporé*. On a alors :

changer + objet de l'esprit	*= distraire*[27]
distraire + objet de l'esprit	*= (changer +objet de l'esprit)$_{distraire}$ + objet de l'esprit* *= changer + objet de l'esprit*

Par exemple :

distraire + de son travail	*= (changer + ce qui occupe son esprit) + occupation* *= travail* *= changer + de son travail*

Notons que pour **changer 18(s)** le raisonnement présenterait des similitudes. Le concept voisin de « dé(munir) » dans LDI semble peu conçu pour recevoir une entrée comme *changer*. Pour rendre compte de *changer de vêtements*, une approche possible procède par le remplacement de *vêtement* par l'une de ses définitions possibles. En réécrivant *changer ce que l'on porte sur soi*, peu à peu le trait « munir » pourrait apparaître :

changer *ce que l'on porte sur soi*

$\downarrow$

changer *ce dont on munit son enveloppe corporelle*

$\downarrow$

se changer

La conclusion diffère toutefois : il n'est pas facile de voir en quoi *munir* pourrait devenir un spécifique de *changer*. En fait, ces deux verbes ont, pour nous, des sens totalement disjoints. Le problème est le suivant : à structures syntaxiques égales, deux paraphrases sont-elles nécessairement en équivalence de sens terme à terme ? Par exemple, les paraphrases potentielles *(Jean) (change) de (couteau)* et *(Jean) (se munit d'un nouveau) (couteau)* impliquent-elles :

(change de ~) synonyme de *(se munit d'un nouveau ~)*.

Nous n'étudions pas le cas où, pragmatiquement, les deux phrases ne seraient pas en situation de paraphrase. Ce serait par exemple aisément le cas si *Jean* était connu comme fabricant de couteaux – il changerait sa fabrication et l'on aurait en suivant l'opération précédente :

(change de ~) synonyme de *(fabrique de nouveaux ~)*.

Voyons le cas intéressant où Jean reste un inconnu. Dans ce cas, des connaissances empiriques aprioriques permettront d'établir selon la même loi de substitution un très grand nombre de sens à *changer*, selon ses actants.

---

27. Calculable en principe par le 'dictionnaire à l'envers', une opération pour laquelle *LDI* a été conçue originellement. Le dictionnaire à l'envers doit extraire des termes depuis n'importe quelle paraphrase possible ; par exemple, *personne qui fait commerce de tulipes*, retourne *fleuriste*.

Sens de *changer*	Exemple
se munir d'un nouveau ~, *investir dans un nouveau* ~, etc.	*Jean change de* ➤ *portefeuille*
apprendre, enseigner une nouvelle ~	*Jean change de* ➤ *matière*
rechercher dans un nouveau ~	*Jean change de* ➤ *filon, de* ➤ *cadre théorique etc.*
isoler dans un nouveau ~	*Jean change de* ➤ *sanctuaire*
faire travailler, entraîner, occuper une nouvelle ~	*Jean change d'* ➤ *équipe*
parier (une, de) ~	(ce peut-être un jeu où il faut produire l'exemple)

En bref, un travail fastidieux mais exigeant au plan imaginaire pourrait être de définir les sens que *changer* ne pourrait pas avoir selon le co-texte ou la situation pragmatique. Mais de toute façon, nous tenons pour raisonnable l'affirmation selon laquelle l'observation de deux paraphrases à structure syntaxique semblable n'implique pas nécessairement une synonymie point à point au plan du dictionnaire.

En définitive, qu'il s'agisse de **changer (08)** ou de **changer (18s)**, nous observons que *LDI* ou *WordNet-FR* ont abouti à un enregistrement différent de celui proposé par *LVF*. Cette différence n'exclut évidemment pas le cheminement proposé par *LVF*. Elle reflète la perception d'autres architectures sémantiques possibles. Or, s'agissant d'information, et contrairement à ce qui se passe en physique ordinaire où un même objet n'a pas plusieurs emplacements, il est tout à fait possible d'imaginer que ces explications si différentes puissent coexister, et que en outre, elles ne soient que deux parmi d'autres, non contradictoires entre elles, simples représentantes d'herméneutiques tout à la fois particulières, individuelles, fugitives et au cœur des processus interprétatifs. Comme l'écrivent Dubois et Dubois-Charlier (1990 : 10) : « *Chacun [des dictionnaires] est une tentative de décrire un objet, ils ne peuvent être confondus avec cet objet.* »

Il faut replacer sous ces principes les efforts que nous menons d'intégration de *WordNet* et de *LDI*, d'une part, et d'autre part de représentation au sein de cette intégration des observations effectuées depuis des modèles ou des objectifs très différents, comme ceux de *LVF*. La figure de l'annexe reproduit grossièrement, au niveau des synsets et non à celui, éclaté, de leurs pères, le résultat actuel pour *changer* de ce travail d'intégration. L'observation de cette figure montre que :

I. plusieurs entrées de *LVF* correspondraient (selon une certaine lecture) à une seule entrée de *LDI*. Il s'agit des entrées :

– 1, 3, 5, 8, 10, 16, 11 *regroupées* dans notre entrée 1,

– 4, 6, 9 et 17 regroupées dans une entrée 2,

– 13, 14, 15 regroupées dans une entrée 8.

II. une entrée (*changer19s*) correspond à deux entrées de *LDI*.

III. plusieurs entrées de *LDI*, particulièrement le sens 1, correspondraient à plusieurs entrées de *LVF*.

IV. deux entrées de *LDI* n'auraient pas d'équivalents dans *LVF* (un emploi technique, *langer*, un emploi abstrait).

Des flèches à l'extrême droite du tableau font apparaître les relations d'inclusion entre les « sens » de *LDI*. Ces flèches permettent de reproduire une partie du treillis.

Il est important de souligner que les affectations repérées dans ce tableau vont de *LVF* vers *LDI* (comme si l'on cherchait à intégrer *LVF* dans *LDI*). L'application inverse d'intégration de *LDI* dans *LVF* aboutirait à un tableau très différent, montrant par là que l'on est bien loin d'une bijection, et que la différence des points d'observation, l'un syntaxique, l'autre de sémantique lexicale, aboutit à des résultats très différents, certainement inconciliables et probablement organisant ces tensions et déséquilibres qui donnent aux langues leur expressivité. Cependant *LVF* semble capturer pour ces trois *sens* des phénomènes qui échappent également à la syntaxe et à la sémantique lexicale ; en fait, ils renverraient davantage à du cognitif qu'à du linguistique.

Références

Dubois, J. & Dubois-Charlier, F. (1990), « Incomparabilité des dictionnaires », *Langue Française* n° 87, p. 5-10.

Dubois, J. & Dubois-Charlier, F. (1997), *Les Verbes français*, Paris, Larousse.

François, J. (1989), *Changement, Causation, Action. Trois catégories sémantiques fondamentales du lexique verbal français et allemand.* Genève : Droz.

François, J. (2005), *Le fléchage synonymique de la polysémie verbale : questions de méthode.* Cahier 20 du CRISCO, CNRS – Université de Caen Basse-Normandie. Téléchargeable sur le site www.crisco.unicaen.fr.

François, J., Le Pesant, & D. Leeman, D. (ce numéro), « Présentation de la Classification des *Verbes Français* de Jean Dubois et Françoise Dubois-Charlier ».

Franckel, J.-J. (2005), « Continu/discontinu en sémantique lexicale. L'exemple du verbe *changer* ». *In* D. Ablali & M. Vallette (dir.), *Linguistique du continu au dicontinu.* Praxiling 42, p. 95-120.

Greimas, A. J. (1966), *Sémantique structurale*, Paris, Larousse.

Mel'ĕuk, I. (1992), *Dictionnaire explicatif et combinatoire du français contemporain, Recherches lexico-sémantiques III*, Les presses de l'Université de Montréal.

Miller, G. & Johnson Laird P. (1976), *Language and Perception.* Cambridge (Mass.) : Harvard University Press.

Miller, G. (1978), ''Semantic relations among words''. *In* M. Halle, J. Bresnan & G. Miller (eds.), *Linguistic theory and psychological reality.* Cambridge (Mass.) : MIT Press, p. 60-118.

Picoche, J. (1986), *Les structures sémantiques du lexique français.* Paris : Nathan Université.

Pottier, B. (1987), *Théorie et analyse en linguistique,* Coll. Hachette supérieur.

Pottier, B. (1992), *Sémantique générale.* Paris : P.U.F.

Rastier, F. (1987), *Sémantique interprétative,* Paris : P.U.F.

Sowa, J. F (1984), *Conceptual structures: Information processing in Mind and Machine,* Londres : Addison-Weasley

Sowa, J.F. (1991), *Principles of semantic networks,* San Mateo : Morgan Kaufmann.

Annexe : État général des regroupements dans LDI et l'actuel WordNet pour le français.

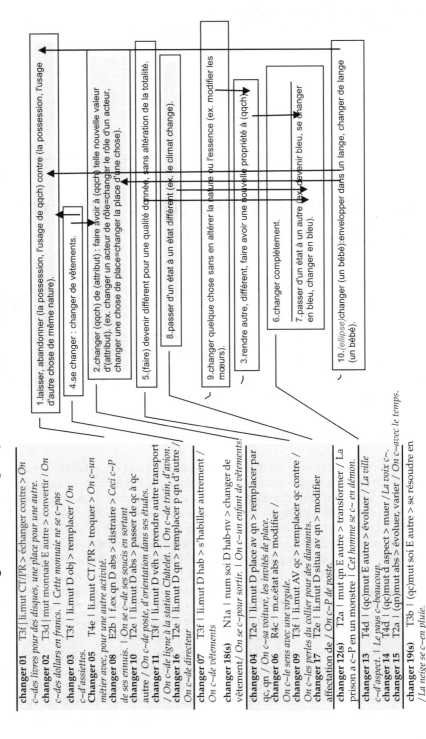

1. laisser, abandonner (la possession, l'usage de qqch) contre (la possession, l'usage d'autre chose de même nature).

2. changer (qqch) de (attribut) : faire avoir à (qqch) telle nouvelle valeur d'(attribut). (ex. changer un acteur de rôle=changer le rôle d'un acteur, changer une chose de place=changer la place d'une chose).

3. rendre autre, différent, faire avoir une nouvelle propriété à (qqch).

4. se changer : changer de vêtements.

5. (faire) devenir différent pour une qualité donnée, sans altération de la totalité.

6. changer complètement.

7. passer d'un état à un autre (ex. devenir bleu, se changer en bleu, changer en bleu).

8. passer d'un état à un état différent (ex. le climat change).

9. changer quelque chose sans en altérer la nature ou l'essence (ex. modifier les mœurs).

10. (ellipse)changer (un bébé):envelopper dans un lange, changer de lange (un bébé).

changer 01 T3f | li.mut CT/PR > échanger contre > On c~des livres pour des disques, une place pour une autre.

changer 02 T3d | mut monnaie E autre > convertir / On c~des dollars en francs. | Cette monnaie ne se c~pas

changer 03 T3f | li.mut D obj > remplacer / On c~d'assiettes.

Changer 05 T4e | li.mut CT/PR > troquer > On c~un métier avec, pour une autre activité.

changer 08 E2b | f.ex qn D abs > distraire > Ceci c~P de ses ennuis. | On se c~de ses soucis en sortant

changer 10 T2e | li.mut D abs > passer de qc à qc autre / On c~de poste, d'orientation dans ses études.

changer 11 T3f | li.mut D véh > prendre autre transport / On c~de ligne à la station Châtelet. | On c~de train, d'avion.

changer 16 T2e | li.mut D qn > remplacer p qn d'autre / On c~de directeur

changer 07 T3f | li.mut D hab > s'habiller autrement / On c~de vêtements

changer 18(s) N1a | num soi D hab-nv > changer de vêtement/ On se c~pour sortir. | On c~un enfant de vêtements!

changer 04 T2e | li.mut D place av qn > remplacer par qc, qn / On c~sa voiture, les invités de place.

changer 06 R4c | m.e.état abs > modifier / On c~le sens avec une virgule.

changer 09 T3f | li.mut AV qc > remplacer qc contre / On c~les perles du collier pour des diamants.

changer 17 T2e | li.mut D situa av qn > modifier affectation de / On c~P de poste.

changer 12(s) T2a | mut qn E autre > transformer / La prison a c~P en un monstre | Cet homme se c~ en démon.

changer 13 T4d | (qc)mut E autre > évoluer / La ville c~d'aspect. | Le pays c~beaucoup.

changer 14 T4d | (qc)mut d aspect > muer / La voix c~.

changer 15 T2a | (qn)mut abs > évoluer, varier / On c~avec le temps.

changer 19(s) T3b | (qc)mut soi E autre > se résoudre en / La neige se c~en pluie.

Danielle Leeman & Madona Sakhokia Giraud
Université de Paris 10 et UMR 7114 (MoDyCo)

Point de vue culiolien sur le verbe *voir* dans *Les Verbes français*

Le verbe *voir* a déjà fait l'objet de plusieurs tentatives de description, et dans des cadres différents. Nous en rappellerons d'abord les grandes lignes, sans nous attarder particulièrement sur certains emplois (H. Bat-Zeev Shyldkrot 1981, 1984, 1997 ; J. François 2001), à travers deux dictionnaires (1), les propositions de J. Picoche (2), celles de J.-J . Franckel et D. Lebaud (3) et enfin celles de J. Dubois et F. Dubois-Charlier, que nous comparerons aux précédentes (4) et dont nous dirons l'intérêt pour celui qui s'attelle à une tentative de définition de l'identité du verbe *voir* dans le cadre théorique défini par A. Culioli (5).

I. LE VERBE *VOIR* DANS DEUX DICTIONNAIRES DE LANGUE

Les dictionnaires sont les premiers ouvrages que l'on consulte lorsque l'on cherche à inventorier l'ensemble des emplois d'un mot, par exemple le verbe *voir*. Ils procèdent par grandes rubriques sémantiques : « perception par la vue », « perception par un autre sens que la vue », « se représenter mentale-ment », « constater », « saisir par l'intelligence », « prêter attention à quelque chose », puis formelles : « en emploi interjectif ou adverbial », « comme semi-auxiliaire » (structure adoptée par le *Grand Larousse de la langue française*). Dans le *Petit Robert,* chaque grande rubrique syntaxique : « Verbe intransitif », « Verbe transitif direct », « Verbe transitif indirect » ou « Verbe pronominal (réflexif, réciproque, passif) » est divisée en plusieurs sous-rubriques corres-pondant chacune à une acception expliquée à l'aide de définitions, de gloses ou de synonymes (chaque groupe incluant des locutions).

Les descriptions lexicographiques de ce verbe (comme en général des autres unités lexicales), ont deux caractéristiques : 1. Il n'y a pas de définition unitaire de l'identité de *voir*, ce qui peut être expliqué par le statut des dictionnaires, conçus comme des outils de consultation, donc par la nécessité de décrire le plus grand nombre d'emplois du mot sans se préoccuper vraiment de son identité en langue (son signifié). 2. Le verbe *voir* est traditionnellement décrit comme un verbe de « perception », d'abord « visuelle » (*On ne voit pas d'étoiles ce soir*) puis « intellectuelle » (par exemple il décrit une inférence dans *Je vois à ta mine que tu as mal dormi* puisque *Je vois que tu as mal dormi* est la conclusion qui s'opère à partir de la perception de la mine de l'interlocuteur). Une telle présentation repose sur une base théorique qui, si elle ne se manifeste qu'implicitement dans les dictionnaires, est explicite dans des travaux de lexicologues contemporains qui distinguent entre sens premier, essentiel du mot, et sens secondaires, dérivés (par extension) ou figurés (cf. les mentions « par ext. », « par anal. » ou « fig. » des discours lexicographiques), le sens premier étant en règle générale le sens le plus concret du mot. Ainsi le verbe *voir* est-il habituellement dénommé « verbe de perception » où « perception » s'entend d'abord comme « perception visuelle ».

En première approximation, on pourrait penser que la théorie sous-jacente est que le système synchronique de la polysémie du mot s'organise selon les apparitions successives de ses acceptions au long de son évolution depuis son origine ; mais dans ce cas, on s'attendrait à ce que la succession des acceptions suive celle, chronologique, de leur émergence au fil du temps, ce qui n'est pas le cas. Ainsi, selon le *Dictionnaire Historique de la langue française* ou la rubrique étymologique du *Grand Larousse de la langue française* (GLLF), le latin *videre*, construit absolument ou non (avec un accusatif), signifie aussi bien « percevoir qqn, qqch par la vue », « donner sur », « être témoin de, disposer de », et « remarquer, constater », que « imaginer », « avoir de la clairvoyance », « juger, examiner, déterminer », « prendre des mesures pour, pourvoir à ». De fait, tous ces emplois sont illustrés dans le *Dictionnaire* de Félix Gaffiot par des extraits, en particulier, de Cicéron – ce qui montre qu'ils coexistaient effectivement en synchronie. *Videre* lui-même possède la racine indo-européenne **weid-* qui indique la vision en tant qu'elle sert à la connaissance et n'a que secondairement le sens concret de « percevoir par la vue » (mais les deux sens sont censés cohabiter). On a donc concomitance d'emplois aussi bien « concrets » qu'« abstraits ».

Néanmoins, à la suite de cet historique, le *Grand Larousse de la langue française* classe les emplois en partant du « concret » et en fonction de ce qui lui paraît aller progressivement vers le plus « abstrait » : le semi-auxiliaire. En outre, dans cette énumération, ce n'est pas l'ordre historique de l'apparition des attestations qui est suivi, puisque, si « A. Percevoir par la vue », daté du Xe siècle, apparaît d'abord en français, on a ensuite « B. Percevoir par un autre sens que la vue » (XVIe siècle), « C. Se représenter mentalement » (XVIIe siècle) mais « D. Constater et considérer d'une certaine manière » (Xe siècle) et « E. Saisir par l'intelligence » (Xe siècle). Ainsi, c'est bien le lexicographe qui institue cet ordre, qui ne se justifie ni par le sens du mot latin à l'origine du verbe français, ni par la succession de l'apparition des emplois dans l'histoire de la langue.

Cette rapide confrontation de la description du verbe *voir* en synchronie avec son évolution telle que retracée dans le même dictionnaire montre que ce n'est pas au titre d'une grammaticalisation attestée que s'opère le classement des emplois : on a affaire à la construction d'une définition qui prend délibérément le parti de commencer par le sens perceptuel « concret » pour terminer par l'acception la plus abstraite (du corps à l'esprit, en somme), comme si le mot avait pour première fonction de désigner les choses du monde tangible – ce qui trahit une conception référentialiste de la langue (Anscombre 1998).

2. LE VERBE *VOIR* SELON JACQUELINE PICOCHE

J. Picoche (1986 : 25-29) commence par faire le tri des emplois dont il faut rendre compte dans la définition de *voir* : on dispose « 1°) d'un groupe d'exemples où *voir* a un caractère nettement sensoriel /.../ 2°) d'un bon lot d'exemples ambigus /... / 3°) d'un groupe d'exemples non sensoriels /.../ 4°) d'un groupe d'exemples non sensoriels, à activité d'esprit croissante /... / 5°) enfin d'un petit groupe d'exemples non sensoriels, extrêmement figés, et donc subduits, à activité d'esprit nulle ». La structure de définition qu'elle adopte par la suite (1993 : 192-195) débute de même par la perception visuelle pour aboutir aux « emplois affaiblis de *voir* » avec, lorsque c'est jugé utile, une distinction dans les rubriques entre « 1. Sens concret » et « 2. Sens abstrait ». Là encore, donc, la définition consiste à lister les emplois dans un certain ordre, en partant des emplois jugés « pléniers » pour aboutir aux emplois dits « subduits » (selon la terminologie guillaumienne) par la désémantisation successive de la signification plénière première.

Admettons la bipartition : le signifié de puissance de *voir* comporte donc une acception plénière et deux cinétismes. L'acception plénière est définie comme *A voit B* où « A, distinct de B, placé face à B, à une certaine distance de B, extérieurement inactif, éprouve une sensation à laquelle s'ajoute une certaine activité d'esprit qui lui permet de constater l'existence de B et de l'identifier ». Le cinétisme 1 élimine par subduction les sèmes spatiaux et sensoriels pour ne conserver que « activité d'esprit » (en sens inverse, on peut discerner un contre-cinétisme allant d'un maximum à un minimum d'activité d'esprit). Le cinétisme 2 élimine les sèmes sensoriel et intellectuel et passe des relations spatiales aux relations temporelles, puis à la notion pure et simple de « relation » et à un usage quasi grammatical où l'inaction du sujet est utilisée pour construire un auxiliaire de passivité (1986 : 29) : *De sa fenêtre, Jean voit le port* (sens plénier), *Dans ce métier, on voit tous les progrès de la chimie* (cinétisme 1), *Saint-Malo a vu naître Chateaubriand* (cinétisme 2), *Il s'est vu décerner les palmes académiques* (usage quasi-grammatical).

Une hiérarchie des emplois est donc établie, et, par conséquent, ne les conçoit pas comme des occurrences également représentatives du verbe. De plus, on n'a pas de définition unitaire subsumant tous les emplois du verbe, dont l'invariant se retrouverait dans ses différents usages en discours : l'identité du mot consiste en une énumération de ses emplois, plus ou moins reliés par la continuité que l'on peut établir entre eux. Dans tous les cas, il n'est pas tenu compte de la syntaxe – qu'il s'agisse des constructions ou des transformations qu'on peut leur faire subir. Le *Dictionnaire du français usuel* (J. Picoche & J.-C. Roland 2002), en revanche, signale les structures mais en les énumérant d'emblée, sans les relier aux acceptions ; on a la liste en tête d'article : *A1 voit A2 nom/ A1 voit A2 nom + inf./ A1 voit que A/, phrase à l'ind./ A1 voit A2 interrogative indirecte*, laissant supposer que toutes valent quel que soit l'emploi. Le premier sens « Jean a une bonne vue » (A1 a la capacité de voir) n'est donc pas associé à l'emploi intransitif (absent du descriptif initial) sinon implicitement (par le biais des exemples *voit clair, voit trouble, voit mal*) et le second, « Jean voit tous les détails du paysage » (A1 voit A2 concret), est illustré aussi bien par *De sa fenêtre, Jean voit le port* que par *Il voit les bateaux entrer et sortir* – autrement dit, la suite *les bateaux entrer et sortir* est vue comme un « A2 concret », donc un constituant, ce qu'elle n'est pas d'un point de vue syntaxique (le sémanticien verrait en outre dans « les bateaux entrent et sortent » un événement (donc un A2 linguistiquement abstrait) plutôt qu'une entité concrète).

En fait, contrairement aux *Verbes français* de J. Dubois & F. Dubois-Charlier, le *Dictionnaire du français usuel* est un ouvrage pédagogique destiné à l'usage d'apprenants du français (langue maternelle ou étrangère) : son objectif est moins la rigueur théorique que la facilité de lecture, d'une part, et moins l'acquisition de la syntaxe que celle du vocabulaire, d'autre part : *voir* est par exemple mis en relation avec *vue, vision, lunettes, myope,* etc., de manière à mettre au jour les relations lexicales et un réseau d'équivalences, de synonymes, d'expressions toutes faites permettant à l'élève de développer ses compétences en production et en compréhension.

3. LE VERBE *VOIR* DANS UNE OPTIQUE « CULIOLIENNE »

La méthodologie qui procède à un morcellement interprétatif de l'unité et qui privilégie un emploi pour le poser comme la source de tous les autres n'est cependant pas générale. Les recherches qui s'inscrivent dans le cadre de la théorie des repérages et des domaines notionnels d'Antoine Culioli sont fondées sur le postulat que la diversité des acceptions est réductible à une identité fondamentale (Franckel & Lebaud 1990, Franckel 2002). Dans cette optique, l'objectif est de fournir une caractérisation unitaire de la sémantique du mot, définie comme une forme schématique. Cette dernière, en tant qu'elle définit l'identité même du lexème verbal, ne correspond à aucune valeur particulière du verbe que l'on pourrait considérer comme première ou encore comme prototypique (Paillard 2002).

L'analyse de J.-J. Franckel et D. Lebaud (1990) présente d'emblée une proposition de forme schématique du verbe : « *Voir* marque la localisation de X par Si, par laquelle s'actualise la propriété être localisable de X », où « X » désigne le complément de *voir* et « Si » son sujet ; X est potentiellement localisable, et ce que dit *voir*, c'est l'actualisation de cette propriété par Si : X a virtuellement la propriété d'être visible et le fait qu'un Si le voie (ou voie quelque chose à son propos, en tous cas soit le siège de cet événement) en fait un objet vu (localisé). Ainsi, dans *Bon ! Je vois que tu as bien compris !* (*op. cit* : 60), le X *tu as bien compris* est localisé à partir de ce que le sujet *je* voit (par exemple que *tu as refait la démonstration correctement*) : *voir* marque que la possibilité d'être visible de X se concrétise par le biais de Si (« site d'ancrage » de cette localisation, *op. cit.* : 58). De même, dans *Ah oui ! je vois !*, où X (matériellement absent) correspond aux paroles de l'interlocuteur, *je* manifeste qu'il en a repéré la signification ; tout discours a virtuellement un contenu, une portée : *voir* marque l'actualisation de cette propriété par *je*. On peut sans peine appliquer la forme schématique proposée aux exemples de J. Picoche ; ainsi *Dans son métier, Jean voit tous les progrès de la médecine* montre la localisation de *tous les progrès de la médecine* (X) par *Jean* (Si) grâce à *son métier* (l'expérience et les leçons qu'il peut en tirer) ; de même dans *Saint-Malo a vu naître Chateaubriand*, le sujet *Saint-Malo* (Si) est le site (le support) par lequel la naissance est localisée, où se construit l'événement (X).

La construction de la forme schématique d'un item demande un immense travail préalable décrivant systématiquement l'ensemble de ses valeurs – même si tous les emplois ne sont pas commentés, les exemples illustrent un large éventail susceptible de se retrouver dans tous les cas de figure, dénotant aussi bien une perception (*Justement je vois un taxi*) qu'une interprétation, non liée au « visible » (*Dans cette attitude, je vois plutôt de la lâcheté*) qu'une compréhension (*Je vois que tu as compris*). L'originalité principale des procédures et du format de description dans le cadre de cette théorie tient à ce que, à la différence d'autres démarches unitaires qui tentent de restituer une invariance par delà les variations en neutralisant le rôle du co-texte, la description est fondée sur une hypothèse qui postule un rapport étroit entre identité et variation du mot, au sens d'une interaction complexe entre le mot et son co-texte. Une telle approche accorde une place centrale à la variation dans la caractérisation du mot en définissant ce dernier comme une forme schématique, c'est-à-dire un dispositif abstrait dans le cadre duquel on décrit l'interaction mot/cotexte, ce qui, en particulier, permet d'aborder le problème des rapports entre le verbe *voir* et l'ensemble de ses réalisations discursives sans recours à la notion de « désémantisation », toutes étant aussi représentatives de son fonctionnement régulier.

La forme schématique a évidemment un caractère abstrait qu'on peut lui reprocher (Kleiber, 1999 : 45 sqq.) et, ce, de deux points de vue : d'une part, la définition ne peut que s'éloigner de l'intuition immédiate de ce qu'un seul emploi évoque, à partir du moment où elle cherche à saisir ce qui est commun à tous les emplois ; mais rappelons-nous que, si « verbe de perception » ou « percevoir par la vue » paraît correspondre directement au mot *voir*, il ne s'agit guère que d'une indication, d'ailleurs circulaire et partielle, de l'un des sens seulement du verbe, qui ne peut valoir comme caractérisation de son signifié – lequel doit précisément subsumer l'ensemble de ses acceptions observables en discours (il s'agit là d'une hypothèse sur la langue comme système qui ne se prononce aucunement sur le fonctionnement du cerveau des locuteurs ni sur leurs représentations de l'identité sémantique des mots). D'autre part, le caractère abstrait de la forme schématique provient de ce que la métalangue qu'elle met en jeu est précisément une terminologie, c'est-à-dire un ensemble de termes étiquetant des concepts dotés d'une signification précise dans le cadre théorique qui les a élaborés – mais cet effort de rigueur est celui d'un progrès dans la scientificité de la démarche : devrait-on rejeter Saussure parce qu'il parle de *langue* ou de *parole* dans un sens qui n'est pas celui de l'usage ordinaire, de *signe* ou de *signifié* là où il serait plus simple de dire *mot* ou *sens* comme tout le monde ?!

Ce qui reste en suspens, dans la démarche culiolienne, c'est la relation entre la définition sémantique et la syntaxe : la forme schématique est élaborée essentiellement à partir de l'observation fine du statut (sémantique) de l'unité dans son cotexte et du cotexte dans son rapport à l'unité, d'un raisonnement pour découvrir ce qui, dans telles et telles interrelations, est pertinent pour découvrir le rôle spécifique du mot considéré (ici, *voir*). On pourrait donc parler de démarche distributionnelle, à ceci près qu'elle ne consiste pas à établir des paradigmes lexicaux : elle n'est pas guidée par la volonté de prédire les énoncés possibles et impossibles, ni de saisir pourquoi par exemple **Je vois sa santé* est inacceptable mais *Je vois sa santé se dégrader* (Leeman, 2002 : 102) ou *Je vois sa santé à ses bonnes joues bien rouges* tout à fait naturels : qu'est-ce qui permet de déterminer que X (*sa santé*) n'a pas potentiellement la propriété « être localisable » dans le premier cas mais la possède dans le second ? Les constructions elles-mêmes et leurs propriétés (syntaxiques) ne paraissent pas pertinentes dans l'optique culiolienne, du moins pour constituer le point de départ de l'analyse ou de l'élaboration du corpus : le type de X ou de Si, d'ajout ou de complément nécessaire (tel *dans cette attitude* dans *Dans cette attitude, je vois de la lâcheté*) est signalé et intégré au commentaire et à la justification de la forme schématique (Franckel & Lebaud, *op. cit.* : 60 par exemple) mais n'en est pas présenté comme le fondement.

4. LE DICTIONNAIRE *LES VERBES FRANÇAIS*

Le dictionnaire de J. Dubois & F. Dubois-Charlier se présente comme une classification sémantique des verbes du français, si l'on se limite à sa table des matières : les classes elles-mêmes sont repérées par des lettres correspondant à des notions (C comme « communication », D comme « don », E comme « entrée/sortie », F comme « frapper » par exemple). Cependant les principes de classification reposent sur l'« hypothèse qu'il y a adéquation entre les schèmes syntaxiques de la langue et l'interprétation sémantique qu'en font les locuteurs de cette langue », les schèmes syntaxiques étant définis « d'une part, par la nature des constituants de la phrase, leurs propriétés et leurs relations, et, d'autre part, par les mots du lexique qui entrent dans les types de constituants définis » (p. III). Autrement dit, pour conclure que deux verbes ou emplois de verbe relèvent du même schème syntaxique, il faut qu'ils entrent dans le même type de construction et intègrent les mêmes paradigmes lexicaux (sélection des sujets et des compléments éventuels, commutation du verbe avec des synonymes dans un emploi donné). Malgré ce que l'on pourrait conclure de la seule consultation de la table des matières, la démarche va donc des formes au sens : du schème syntaxique (construction(s) et lexique) au classement sémantique. Ainsi *voir* connaît-il deux emplois intransitifs séparés par les possibilités et impossibilités distributionnelles : *L'enfant voit / voit bien / voit trouble / ne voit pas (est aveugle)* vs *Le joueur de poker voit / paye pour voir*.

Le lien entre schème syntaxique et interprétation se matérialise par un « opérateur » qui définit sémantiquement les classes et divers niveaux de sous-classes, lui-même dégagé « après l'analyse syntaxique » (p. V). Par exemple *voir* a deux emplois relevant de la classe C (verbes de communication), qui comporte quatre sous-classes, chacune associée à un opérateur : C_1 « s'exprimer par un son, une parole », C_2 « dire / demander qqch », C_3 « montrer qqch », C4 « dire ou montrer qqch » ; on a un *voir* en C_{2i}, dont l'opérateur est *mand* (« indique une demande ») : *On doit voir (= consulter) un avocat*, et un *voir* en C_{4b}, dont l'opérateur est *ind* (« montrer à ») : *Son angoisse se voit (= se montre) sur son visage*. Dans le premier cas, *voir* a un sujet et un objet [humain], et un complément indirect (*On doit voir un avocat sur cette question / à ce propos*) ; dans le deuxième cas, *voir* est pronominal et a un sujet non animé. L'opérateur est donc une sorte de caractérisation hyperonymique justifiant le rassemblement, dans une même (sous-(sous-)) classe sémantique, des différents emplois du verbe qu'il recouvre. On se rend compte d'emblée, à ces quelques exemples, que le classement sémantique résultant de cette démarche se détache de l'intuition : le type *L'enfant voit / ne voit pas* (emploi *voir* 01) n'est pas rangé avec le type *Son angoisse se voit* (emploi *voir* 20) alors que, spontanément, on aurait tendance à considérer que l'on a affaire dans les deux cas à de la perception visuelle.

4.1. Le verbe *voir* dans *Les Verbes français* : premières observations

L'ensemble des (emplois de) verbes est réparti en 14 grandes classes (cf. la Présentation du numéro) ; il est remarquable de constater que *voir* est décrit selon 22 emplois (numérotés de *voir* 01 à *voir* 22), dont 13 appartiennent à la classe P, qui concerne les activités mentales : *voir* relève donc à 59 % du champ « psychologique »[1] ; le reste se répartit entre C « communication » (2 emplois), H « état physique » (2 emplois), L « locatif » (2 emplois), S « saisir » (2 emplois) et U « union » (1 emploi).

• *voir* comme verbe de « communication »

L'emploi *voir* 10 relève de la sous-classe C_2 (688 entrées) qui a pour sens général « dire/demander quelque chose ») ; il est rangé en C_{2i} « interroger qqn sur », qui rassemble des verbes transitifs avec objet direct humain et un complément en *sur, à propos de* (p. 25) : *On doit voir un avocat, le médecin sur cette question.*

L'emploi *voir* 20 est rattaché à la sous-classe C_4 (120 entrées) « dire ou montrer quelque chose », en C_{4b} « montrer quelque chose par le comportement » / « se montrer qqpart / dans le comportement de qqn » : le verbe est pronominal à sujet non animé, avec ajout locatif : *Son angoisse se voit sur son visage* (p. 32).

On notera que ni J. Picoche (1986, 1993), ni J.-J. Franckel & D. Lebaud (1990) n'enregistrent ces deux emplois. Le *Grand Larousse de la langue française* (GLLF) atteste *voir* 10, sous la rubrique « A. Percevoir par la vue. /.../ II. avec une participation active de l'esprit /.../ 4. Rendre visite à quelqu'un... // Rendre à quelqu'un une visite professionnelle... // Examiner quelqu'un en consultation... // *Voir un médecin, un dentiste*, etc. aller les consulter, afin de se faire examiner par eux. ». J. Picoche & J.-C. Roland (2002) signalent cet emploi sous « Jean voit souvent Claude : ils se voient beaucoup » en le reliant à *visite* (cependant, si l'on peut dire *Jean voit souvent le médecin*, l'inférence *Ils se voient beaucoup* n'est pas en l'occurrence linguistiquement acceptable). M. Gross (1995 : 77) signale (correspondant à *voir* 20) : *On voit de la rage/joie sur le visage/les traits de quelqu'un* mais non l'emploi pronominal.

• *voir* comme verbe H (verbes d'état physique ou de comportement)

---

1. Ce simple pourcentage montre que l'intuition spontanée qui corrèle le verbe d'abord à une perception visuelle « concrète » ne repose pas sur une fréquence ou une représentativité d'ordre linguistique.

Dans la classe H, la sous-classe H_1 regroupe les emplois signifiant « être dans un état physique », et H_{1a} (270 entrées) rassemble des verbes intransitifs ou pronominaux à sujet humain ou animal, entre autres *voir* 01 : *Le bébé voit. On ne voit plus, on est aveugle*, qui se retrouve avec *bâiller, déguster* (*On déguste, chez le dentiste !*), *ovuler* (*La femme ovule tous les mois*), *vivoter* (*On vivote, sans argent et sans travail*), *vomir* (*On a envie de vomir*)… ; autrement dit, il est clair que l'on n'a pas avec ce dictionnaire une classification sémantique au sens banal, c'est-à-dire dont on attendrait qu'elle fasse apparaître ensemble tous les verbes de perception visuelle (et seulement eux), mettant *voir* avec *regarder, observer, scruter, apercevoir*, etc. : c'est qu'en fait *voir* est intransitif dans cet emploi, ce que ne sont pas ses cohyponymes (qui ne relèvent donc pas du même schème syntaxique). Ceux qui appartiennent à ce schème syntaxique sont beaucoup plus divers en première intuition et n'entretiennent de ce point de vue aucun rapport de synonymie : c'est à considérer l'ensemble ainsi constitué (sur des bases syntaxiques et distributionnelles) que l'on peut trouver un point commun sémantique, forcément beaucoup plus général tout en restant parlant à l'intuition.

Notons que si cet emploi est codé « 01 » pour *voir* (comme pour d'autres : *bâiller, loucher, respirer*…), ce n'est pas parce qu'il s'agit d'un emploi « premier », « concret » ou « plénier » mais parce qu'il s'agit d'un schème minimal (les autres constructions du verbe comportent en effet au moins une autre spécification).

Cependant, l'homogénéité syntaxique n'est pas toujours aussi claire, comme le montre H_{1d} (64 entrées), où est rangé *voir* 04 : cette classe comporte en effet elle-même diverses sous-classes, selon que le verbe est transitif indirect avec complément en *sur* (*loucher sur*), où transitif direct (*guigner quelque chose, dévisager quelqu'un*), connaissant de surcroît l'emploi pronominal (*voir quelqu'un / se voir*). En revanche, il s'agit toujours de perception (avec des spécifications telles que *à la dérobée* pour *loucher sur, avec envie* pour *guigner*, concernant la « vue » pour *dévisager* et *voir*, etc. : *On voit Pierre, une lumière, une ombre. On se voit dans la glace* (l'emploi pronominal réfléchi est ici possible). Cet emploi apparaît (en premier) aussi bien dans les dictionnaires que chez J. Picoche (*op. cit.*) et J.-J. Franckel & D. Lebaud (*op. cit.*).

• *voir* comme verbe locatif (L)

Voir 18 est rangé en L_3 (833 entrées) « être qqpart, sujet non animé », « mettre qqch qqpart », dans la sous-classe L_{3b} (736 entrées) « mettre qqch qqpart », qui comporte six sous-types ; *voir* relève du quatrième, « trouver quelque chose qqpart » : le sujet est humain et le verbe transitif, associé à un objet direct et à un ajout locatif, et susceptible de connaître l'emploi pronominal passif (*On voit (décèle, détecte) le raccord sur le papier / Le raccord se voit*).

Voir 22 est rangé en L_2 (168 entrées) « être qqpart, sujet humain/animal », « mettre qqn/animal qqpart », dans la sous-classe L_{2b} (117 entrées) « mettre qqn dans telle situation, telle catégorie » : *On voit (trouve, rencontre) Pierre comme un allié* (la construction est à attribut d'objet : c'est ce dernier qui fonctionne comme locatif, le sens étant que l'« on place qqn qqpart comme tel » – de même *On catalogue Pierre comme juriste, On élit Pierre comme confident, L'agressé identifie dans Pierre son agresseur, Le testament nomme Pierre son héritier, On salue en Pierre un chercheur méritant.*

J. Picoche (1986, 1993) n'enregistre pas ces deux emplois, ni J. Picoche & J.-C. Roland (2002) ; J.-J. Franckel & D. Lebaud (1990) intègrent à leur réflexion l'exemple *Dans cette attitude, moi, je vois plutôt de la lâcheté* (p. 58) qui relève de *voir* 18. Le GLLF rassemble sous « D. Constater et considérer d'une certaine manière » divers emplois dont « Voir une personne ou une chose dans ou en quelqu'un / …/ *Certains critiques ne voient dans les tableaux de ce peintre que des barbouillages informes. Un jour viendra où la justice ne verra dans un coupable qu'un sot ou un malade* » – ce qui ne correspond pas à *voir* 22 tel que défini par J. Dubois & F. Dubois-Charlier puisque l'objet est non humain dans le premier cas et que le sujet n'est pas à proprement parler humain dans le second.

• *voir* comme verbe S (« saisie ou possession »)

Voir 02 relève de S_4 (480 entrées), et plus spécifiquement de S_{4a} (130 entrées) « prendre qqch à qqn, recevoir qqch de qqn » : *voir* apparaît ici au sens « tenir l'enjeu » : *Le joueur de poker voit. On veut voir votre jeu.* Là encore, les verbes rassemblés forment un groupe qui n'est homogène sémantiquement que si l'on en retient un point commun qui n'est pas forcément d'emblée accessible à l'intuition – il s'agit d'une saisie, d'une prise de possession, concernant une entité abstraite : *couper la parole à quelqu'un*, c'est bien s'emparer de quelque chose, comme *retenir une place* ou *usurper le pouvoir* ; en termes de jeu de cartes, celui qui paye pour voir oblige également l'adversaire à lui livrer ce qu'il possède.

Voir 08 appartient aussi à la classe S mais est rangé en S_1 « saisir, arrêter, serrer qqn », sous-classe S_{1b} (48 entrées) : « saisir qqn pour prendre contact », incluant des emplois transitifs directs à objet humain avec locatif : *On va voir Pierre chez lui. On a vu Pierre entre deux portes* (synonyme *rencontrer*).

Ni J. Picoche (*op. cit.*), ni J.-J. Franckel & D. Lebaud (*op. cit.*) ne signalent ces deux emplois. Le GLLF enregistre *voir* 02 sous la rubrique « A. Percevoir par la vue /…/ III. En emploi absolu /…/ 2. Exercer le sens de la vue /…/ // *Payer pour voir*, au poker, tenir l'enjeu proposé par un adversaire, pour l'obliger à abattre son jeu ». Ce même dictionnaire mentionne, toujours sous la rubrique A. mais sous « II. Avec une participation active de l'esprit /…/ », l'emploi « 6. Recevoir une visite, des visites : *Aujourd'hui je suis très pris, mais je peux vous voir demain à mon bureau, si cela vous convient* ». Un peu plus haut dans l'article, on a dans la même veine « 4. Rendre visite à quelqu'un : *Je viendrai vous voir demain. Aller voir un ami malade /…/* » (sans complément locatif), qui inclut « Rendre à quelqu'un une visite profession-nelle /…/ *Le docteur viendra te voir ce soir.* // Examiner quelqu'un en consultation : *Un médecin qui voit quatre clients à l'heure, qui voit de nombreux malades.* // *Voir un médecin, un dentiste*, etc. /…/ ». En fait, les emplois rassemblés sous (4) par le GLLF ne sont pas du même type, puisque l'emploi pronominal est possible pour *Voir un ami (On se voit demain)*, ce qui est moins probable lorsqu'il s'agit d'une visite profes-sionnelle : *Le docteur viendra te voir ce soir* / ?? *Vous vous verrez ce soir. Le médecin a vu de nombreux malades hier* / ?? *Ils se sont vus hier* (le type *Voir un ami / On se voit demain* relève de *voir* 09 dans le dictionnaire de J. Dubois & F. Dubois-Charlier et le type *Voir un médecin* de *voir* 10 – cf. ci-dessus « *Voir* comme verbe de Communica-tion » – mais le type *Le médecin te voit demain* n'est pas répertorié, sauf à le ranger dans *voir* 15 (verbes « psychologiques », cf. ci-dessous dans le paragraphe 4.2.) : on ne dispose cependant pas dans le dictionnaire de suffisamment de données pour en décider.

• En conclusion de ces repérages : (a) le corpus que se donne le dictionnaire de J. Dubois & F. Dubois-Charlier comporte des données qui ne sont pas prises en compte dans les travaux sur le verbe *voir*, ainsi qu'on l'a signalé à plusieurs reprises ; (b) le classement sémantique qu'il propose est différent des structurations que l'on peut trouver dans les dictionnaires existants, comme on l'a vu par la comparaison avec le GLLF (qui cependant enregistre tous les emplois décrits par J. Dubois & F. Dubois-Charlier étudiés jusqu'ici – ce qui est logique, ces auteurs ayant commencé par rassembler comme corpus l'ensemble des données fournies par les grands dictionnaires de langue) ; (c) le problème posé néanmoins est que l'ensemble des propriétés syntaxiques et lexicales n'est pas totalement explicité dans *Les Verbes français*, si l'on se réfère au volume tel que disponible chez Larousse depuis 1997 : si les « Rubriques exploitées dans la classification » (p. VII) sont bien présentées en début d'ouvrage, ce n'est pas cette classification elle-même, dans son intégralité, qui est ensuite donnée, les schèmes syntaxiques n'étant pas fournis dans la version-papier mais seulement dans un *Dictionnaire électronique des verbes* (cité p. XI) auquel nous n'avons pas eu accès au moment où se rédigeait le présent article. On ne dispose donc pas des critères permettant de décider du classement d'un énoncé tel que *Le médecin te voit demain* : il peut s'agir d'une « saisie » de quelqu'un pour l'examiner (cf. *On va voir Pierre chez lui* analysé comme « saisir quelqu'un pour prendre contact ») mais cet emploi n'est pas inventorié dans la classe S pour *voir* ; il peut aussi s'agir de « manifester telle activité réflexive envers qqn, qqch » (sans construction pronominale plausible, ainsi qu'on l'a vu ci-dessus), mais cet emploi n'est pas inventorié dans la classe P pour *voir*. De même, il est difficile de comprendre pourquoi sont distingués *voir* 09 (classe P : le verbe est transitif avec possibilité de pronominal) et *voir* 21 (classe U), le premier étant illustré par *On voit Pierre encore quelquefois. On se voit encore* (= être en relations), et le second par *On se voit avec Pierre de temps à autre* (la classe U « contient les verbes d'union, de réunion, de mise en relation », p. 372). C'est aussi pour cette raison, vraisemblablement, que l'on a jugé la classe H_{1d} hétérogène, en examinant *voir* 04 : on ne dispose pas des critères et propriétés qui justifient l'existence même de la classe (hormis des indications très générales, comme « transitif direct », « transitif indirect », « pronominal »). Et c'est encore à cause de ce manque que l'on a de la difficulté à intégrer à la classification tous les emplois inventoriés par le GLLF (comme *voir qqch dans qqch* ci-dessus, qui ne correspond pas parfaitement à *voir* 18 en L_3). Le dictionnaire *Les Verbes français* tel que disponible est en fait la version synthétique du résultat d'un travail qui n'est pas ici livré dans le détail de son intégralité : il revient à l'utilisateur d'en retrouver les données (cf. sur *sembler* : Leeman 2006).

4.2. Le verbe *voir* dans *Les Verbes français* : les emplois « psychologiques » (classe P)

On l'a annoncé plus haut, la grande majorité des emplois de *voir* décrits par J. Dubois & F. Dubois-Charlier se trouvent dans la classe P, qui recouvre trois sous-classes : P_1 (1 159 entrées) « avoir tel sentiment, telle activité consciente »,

P_2 (536 entrées) « faire avoir tel sentiment à qqn, l'augmenter ou le diminuer », et P_3 (379 entrées) « manifester telle activité réflective sur qqn, qqch ».

• sous-classe P_1

Voir 17 et voir 19 appartiennent à P_{1g} (89 entrées) « prendre qqch comme objet d'activité mentale », qui contient deux sous-types : le premier est transitif (On voit (considère) la situation en noir, avec méfiance. On voit (considère) Pierre avec hostilité), le second est pronominal (On se voit (se représente) mourant, dans la misère. On se voit sombrer dans la décrépitude) ; le premier est décrit comme se construisant avec une complétive, le second en outre avec un infinitif.

Voir 03 relève de P_{1h} (97 entrées) « avoir l'esprit tendu vers », qui inclut deux sous-types, l'un avec la préposition à, l'autre avec la préposition de ; voir 03 est transitif indirect construit avec à et un infinitif : On voit (veille) à sauvegarder l'essentiel.

• sous-classe P_3

La sous-classe P_3 (379 entrées) « manifester telle activité réflexive sur qqn, qqch » englobe P_{3a} (71 entrées) « diriger son esprit, son activité réflexive sur qqn », P_{3b} (136 entrées) « diriger son esprit, son activité réflexive sur qqch », P_{3c} (172 entrées) « avoir ou ne pas avoir la connaissance de qqn, qqch ».

Voir 09 et voir 15 relèvent de P_{3a} : pour le premier, l'objet est un humain et l'emploi peut être pronominal (On voit Pierre quelquefois. On se voit encore = rester en relations) ; pour le second, l'objet est un humain ou son comportement, ou une interrogative indirecte ; il y a une finalité (on voit pour connaître) : On voit le courrier, les réclamations, les clients (= lire).

Voir 05, voir 06, voir 07 sont rangés dans P_{3b}, premier sous-type : les verbes sont transitifs à objet direct, les paradigmes lexicaux permettant de distinguer entre schèmes syntaxiques ; voir 05 « être le témoin de » est illustré par On a vu toute la scène, voir 06 « regarder, être le spectateur » par On a vu un film à la télé, voir 07 « visiter, être touriste » par On a vu deux appartements. On a vu la Sicile en été. Voir 12 relève du second sous-type, défini par une complétive en que : On voit que le monde change / le monde changer / le changement du monde (= remarquer, constater).

P_{3c} se divise en deux sous-types : le premier se caractérise par un objet direct non animé, une exclamative ou une interrogative indirecte ; le sens est « connaître ou ignorer qqch » : voir 14 ne connaît pas l'emploi pronominal (On a vu la guerre. Cette époque voit de grands changements) ; voir 16 a l'emploi pronominal (On voit bien le sujet. Le problème se voit mal = saisir, comprendre) ; voir 13 a comme objet une complétive en que et connaît l'emploi pronominal (On voit (imagine, envisage) Pierre reçu directeur. Pierre se voit reçu directeur) ; voir 11 admet aussi une complétive en que mais n'a pas l'emploi pronominal (On voit Pierre passer. On voit que nos amis arrivent = constater).

• comparaison avec J. Picoche (op. cit.)

Certains des emplois précédents sont pris en compte par J. Picoche (1986), mais classés différemment : Je vois passer la voiture de Jean et Je vois que Sophie est blonde / que la voiture de Jean passe sont rangés dans les « exemples où voir a un caractère nettement sensoriel » dont il est reconnu qu'il « s'associe à une certaine activité d'esprit » (p. 25) ; dans le dictionnaire de J. Dubois & F. Dubois-Charlier en revanche, tous les emplois où *voir* a pour objet une complétive et/ou un infinitif relèvent de la classe P en tant qu'elle dénote une activité mentale (de fait, le guide grammatical de M. Arrivé *et alii* (1986) signale la corrélation entre la complémentation phrastique d'un verbe et son lien sémantique avec une opération mentale).

Toujours dans le même ouvrage, J. Picoche énumère « un bon lot d'exemples ambigus », ainsi « *Je vois que Sophie est malade* (à quoi ? à son teint et à son attitude, ou en consultant ses analyses ?) » ; l'ambiguïté est résolue dans le dictionnaire de J. Dubois et F. Dubois-Charlier du fait que *Je vois que Sophie est malade* connaît l'emploi pronominal (*La maladie de Sophie se voit*), ce qui correspond à *voir* 13 (dont l'objet peut être une complétive en *que* et qui connaît l'emploi pronominal) ou bien admet la commutation de *voir* et *lire* (emploi *voir* 15 – qui cependant ne prévoit pas, dans l'ouvrage consulté, l'objet sous forme de complétive).

Pour J. Picoche (*op. cit.* : 27), il existe des exemples « non sensoriels, extrêmement figés, et donc subduits, à activité d'esprit nulle : *Saint-Malo a vu naître Chateaubriand. L'année 1789 a vu le début de la Révolution française.* [...] » – ils correspondent pour J. Dubois & F. Dubois-Charlier à *voir* 14 (*Cette époque voit de grands changements*).

Ces cas de figure montrent que des emplois repérés intuitivement et rangés ensemble sans souci de la syntaxe ou des distributions se retrouvent dans le dictionnaire à base syntaxique et distributionnelle de J. Dubois & F. Dubois-Charlier, où ils s'inscrivent dans des classes plus vastes. Cependant, il n'en va pas toujours ainsi : J. Picoche, dans les exemples ambigus, cite aussi « *Je vois comment l'appareil fonctionne* (parce qu'il fonctionne sous mes yeux, ou grâce à vos excellentes explications ? » (p. 25) – or ici, si la seconde interprétation peut être référée à l'emploi *voir* 15 de J. Dubois & F. Dubois-Charlier (où *voir* se construit avec une interrogation indirecte et équivaut à *lire*, ce que l'on peut faire correspondre à la prise de connaissance des explications), la première ne trouve pas à se ranger dans les emplois « perceptifs », du fait que ces derniers ne sont pas décrits comme admettant une interrogation indirecte. Il en va de même des cas où « un être humain croit voir un objet absent » (J. Picoche, 1993 : 194) : « *Jean a vu en rêve un grand palais dont il n'arrivait pas à sortir* : il avait dans l'esprit cette image, qui a disparu à son réveil [...] *Sylvie prétend qu'elle a vu la Sainte Vierge* [...] » (*ibid.*) : il ne semble pas y avoir dans le dictionnaire de J. Dubois & F. Dubois-Charlier (1997) d'emploi de *voir* correspondant à ce type d'exemple – mais, ainsi qu'on l'a dit en conclusion du paragraphe [4.1.], on ne dispose pas dans l'ouvrage tel qu'il est consultable de toutes les informations rassemblées par les auteurs justifiant leur classification et il reste au chercheur à reconstituer un certain nombre de données.

5. L'INTÉRÊT DES *VERBES FRANÇAIS* POUR UN CHERCHEUR « CULIOLIEN »

L'intérêt majeur du dictionnaire de J. Dubois & F. Dubois-Charlier (1997) pour un travail sur les verbes français dans le cadre de la théorie linguistique d'A. Culioli est que, à travers le classement des emplois des verbes qu'ils proposent, on a à disposition le répertoire des types des constructions où ces verbes entrent et des paradigmes lexicaux qu'ils intègrent. Compte tenu du fait que les caractéristiques de l'identité des mots imposent certaines contraintes sur le contexte, il est évident que savoir avec quels mots le verbe peut être employé et connaître le répertoire de ses constructions syntaxiques permet d'appréhender l'identité du verbe et facilite la définition de sa forme schématique (donc l'élaboration de cette dernière à partir des emplois observables). La démarche consiste en effet à trouver, pour chaque emploi comparé à tous les autres, le type de variation responsable des changements dont le sens en discours est le résultat.

La variation obéit à des principes généraux qui sont formulables indépendamment de la sémantique du mot, mais d'un autre côté, la variation est hétérogène, au sens où il convient d'en distinguer différents plans qui correspondent à des types distincts de rapports entre le mot et le co-texte, mettant en jeu un ensemble de régularités spécifiques :

– variation lexicale (variation causée par le cotexte lexical),

– variation régulière (variation selon des principes généraux valant pour toutes les formes schématiques),

– variation interne (variation spécifique à chaque forme schématique),

– variation diachronique (renouvellement des formes).

C'est la variation de la forme schématique selon ces différents principes qui donne l'ensemble des emplois de l'unité lexicale. La question se pose de savoir si tout changement du contexte peut entraîner un changement du sens du mot et s'il est possible de calculer, et de dénombrer d'une façon objective le nombre d'emplois de l'unité lexicale. On se bornera ici à l'examen de la « variation lexicale » d'une part (5.1), de la « variation régulière » d'autre part (5.2).

5.1. Variation lexicale

Les formes schématiques, dans la mesure où elles impliquent les différents arguments que l'item met en scène, intègrent directement la part strictement lexicale de la variation polysémique : il est attendu que la valeur prise par l'item dépende de manière cruciale du type d'unités venant instancier les arguments que son schéma appelle (De Vogüé, 1999). C'est une variation externe exercée sur la forme schématique par d'autres formes schématiques qui l'entourent dans le cotexte et qui peut donner un emploi spécifique du verbe dans une construction stable du point de vue syntaxique. *Voir* ne dit pas le même type de processus selon la nature lexicale de son contexte.

Ainsi prend-on conscience grâce au classement de J. Dubois & F. Dubois-Charlier de la différence entre *voir* 05 et *voir* 06, respectivement *On a vu toute la scène,* et *On voit un film, une feuilleton à la télé, un match,* qui s'explique par le changement de la nature lexicale de l'objet direct. Comme en témoignent les dictionnaires classiques, la séparation n'est pas immédiate intuitivement : ainsi le *Petit Robert* range-t-il sous la même acception (2) de l'emploi transitif « être spectateur, témoin de qqch » : *Voir une pièce de théâtre, un film, un match* (renvoi à *assister à*). *Avez-vous jamais vu les courses d'Angleterre ?* (Muss.). *J'ai vu toute la scène, le drame, l'accident.* Or si l'on peut être témoin d'une scène, d'un drame, d'un accident, la formulation ne convient pas pour la pièce de théâtre, le film, le match (ni la scène si l'on parle du déroulement d'une pièce de théâtre) ; à l'inverse, on peut recommander de voir un spectacle (*Un film à voir*) mais beaucoup moins plausiblement un accident.

Cependant, le verbe *voir* ne se caractérise pas en général par un fonctionnement processif, à la différence du verbe *regarder*, si bien que le « cadrage phrastique minimal » des exemples (A. Balibar-Mrabti, ce numéro) oblige à contextualiser les énoncés de type *On voit un match à la télé*, moins directement acceptables que *On a vu toute la scène* (qui se suffit à soi-même), ce qui conduit du même coup à s'interroger sur le statut du verbe dans les deux cas. On aurait en effet plus naturellement *Ce soir on voit un match à la télé, On pourrait voir un film?*, *Grand-mère tient à voir son feuilleton*, énoncés qui toutefois peuvent paraître rester moins acceptables qu'au passé composé (*On a vu à la télé un match/un film/un feuilleton*) et que le verbe *regarder* (*On regarde un match à la télé*). La forme de l'exemple lui-même oblige donc à creuser l'implication du temps employé – critère que J. Dubois & F. Dubois-Charlier n'ont pas retenu, auquel on n'aurait pas soi-même pensé spontanément et sur lequel les illustrations lexicographiques n'attirent pas l'attention.

5.2. Variation régulière

La séparation par J. Dubois & F. Dubois-Charlier de *voir* 20 et *voir* 18 oblige également à dépasser l'intuition référentielle qui verrait une même acception sous *Son angoisse se voit sur son visage* (*voir* 20) et *Le raccord se voit sur le papier* (*voir* 18). Dans les termes culioliens, il s'agit d'une variation dite « régulière », c'est-à-dire qui caractérise les relations entre différents éléments de la phrase : selon le degré d'intrication, on distingue entre « juxtaposition » (il n'y a pas d'intrication), « nouage » (degré maximum d'intrication) ou « greffe » (intrication partielle). En termes syntaxiques, la juxtaposition correspond à l'ajout de phrase (comme *sur la terrasse* dans *Je lis un journal sur la terrasse*), le nouage au complément de verbe (*sur le violet* n'est ni supprimable ni déplaçable dans *Ce rouge tire sur le violet*) et la greffe à l'ajout de SV (*sur la plage* est supprimable mais non déplaçable en tête de phrase dans *Le pêcheur tire le bateau sur la plage*) – exemples empruntés à D. Paillard (2000 *in* 2002).

En première approximation, on pourrait penser que *Son angoisse se voit sur son visage* illustre la même acception que *On voit le raccord sur le papier* : il s'agit dans les deux cas de perception visuelle. Cependant le premier est rangé dans la classe C, « montrer quelque chose par le comportement », mais le second dans la classe L, « trouver quelque chose quelque part » – définitions d'ailleurs tout aussi acceptables intuitivement que la première qui vient à l'esprit. De plus, le premier est défini par la construction pronominale à sujet inanimé (alors que l'on peut dire *On voit l'angoisse sur son visage*) mais le second par la construction transitive à sujet humain, mise en relation avec la construction pronominale (*Le raccord se voit sur le papier*).

C'est que, en fait, les deux s'opposent lexicalement (*angoisse* étant un nom abstrait, prédicatif, mais non *raccord*) et syntaxiquement, le syntagme prépositionnel étant complément et non ajout dans *On voit l'angoisse sur son visage* (**On voit* *l'angoisse*). En outre, *sur son visage* est moins naturellement cliticisable que *sur le papier* (?? *On y voit l'angoisse, On y voit le raccord*), de même qu'il se prête moins bien à la question *où* (?? *Où voit-on l'angoisse ? – Sur son visage* vs *Où voit-on le raccord ? – Sur le papier*) et le rapport à l'humain pour *voir* 20 se marque encore par le possessif – ??*Son raccord se voit* étant moins acceptable, si l'on parle du papier (sauf peut-être s'il est clair par le co(n)texte que l'on parle d'un tableau restauré), que *Son angoisse se voit*, qui implique nécessairement une personne et plus particulièrement son visage, même si le SP n'est pas matérialisé. On peut donc dire que *sur son visage* est argument (complément) en *voir* 20 mais *sur le papier* ajout en *voir* 18. Sémantiquement, la différence syntaxique peut s'interpréter ainsi : dans *voir* 18 le papier est le fond qui rend visible le raccord, les deux sont relativement autonomes, tandis que dans *voir* 20, l'angoisse fait partie de l'expression du visage, donc n'existe pas sans visage. Autrement dit, *voir* 18 est un exemple d'intrication partielle, donc de greffe, et *voir* 20 un exemple d'intrication maximum, donc de nouage.

Une autre variation régulière qui peut avoir des effets sémantiques, c'est la « bascule » des dimensions « qualitatif » et « quantitatif » (De Vogüé, 1999) des éléments de la forme schématique (Qnt/Qlt). Pour résumer très brièvement, le « qualitatif » dans cette terminologie a trait à la propriété (par exemple *ménage* dans *Elle fait des ménages/ Elle fait le ménage dans les bureaux d'entreprises* a trait à la profession du sujet) et le « quantitatif » à l'événement, inscrit spatio-temporellement (*Aujourd'hui, je fais le ménage !*). De même, l'énoncé *Je vois le soleil !* (titre d'un roman du romancier géorgien Nodar Doumbadzé) peut être interprété de deux façon différentes :

1. La personne voit le soleil après trois jours de pluie (le soleil lui apparaît : il s'agit d'un événement).

2. La personne malvoyante est capable de voir le soleil (il s'agit de la source de lumière), c'est ce sens qui est véhiculé par le titre du roman, donc on a affaire à la propriété (être capable de voir).

Le paradigme des noms, dans la position d'objet direct, susceptibles de cette double interprétation est réduit. Cela peut être *lumière, avenir* dans le cas d'une voyante – à la différence de *soleil* ou *avenir, lumière* prend des déterminant différents selon l'interprétation : *Je vois la lumière* vs *Je vois une lumière,* ou *de la lumière,* dans le cas du sens événementiel.

Cette valeur spécifique implique également d'autres contraintes sur le cotexte, par exemple le choix du temps grammatical (critère de caractérisation non explicitement retenu dans *Les Verbes français*) ; elle correspond à *voir* 04 par son schème syntaxique mais à *voir* 01 pour le sens. On peut donc se demander s'il est légitime de séparer les deux emplois, et si l'on ne peut pas considérer que *voir* 04 et *voir* 01 sont des variantes, le complément étant facultatif : *Je vois (le soleil) !* au sens 2. ci-dessus. En fait là encore, c'est la prise en compte préalable des propriétés syntaxiques et distributionnelles qui doit l'emporter sur l'intuition sémantique si l'on veut comprendre le classement de J. Dubois & F. Dubois-Charlier ; *voir* 01 décrit une propriété du corps selon laquelle le sujet possède le sens de la vision, plus ou moins bien représenté selon les personnes : *On voit, On ne voit pas/plus, On voit bien, mal, trouble, double, clair* – or, si l'on peut effectivement dire *Je vois le soleil* ou *Je ne vois plus le soleil* (pour signifier qu'on est aveugle), les ajouts qui conviennent en absence de *le soleil* ne conviennent plus nécessairement en sa présence (**Je vois trouble/double/le soleil*) ou changent le sens de l'énoncé (*Je vois de près/de loin* vs *Je vois le soleil de près/de loin* ; *Je ne vois que d'un œil* vs *?Je ne vois le soleil que d'un œil*).

Autrement dit, *voir* 01 est défini formellement par l'emploi intransitif à sujet humain ou corps humain avec manière (p. 120) et sémantiquement par « percevoir par la vision » (p. 121) – où « manière » est une spécification pertinente puisqu'elle permet de séparer des emplois, ne recouvrant pas seulement les adverbes qui pourraient aussi bien s'ajouter à *voir* 4 (*confusément, clairement,* etc.). Il est donc légitime (du point de vue qui a présidé au classement) de le distinguer de *voir* 04 qui, dans des cas tels que *Je vois la lumière* (« mes yeux sont capables de percevoir la lumière ») correspond à la possibilité pour le sujet d'« avoir une sensation de vue » (p. 125).

Ainsi la recherche des arguments (syntaxiques ou distributionnels) qui sont à la base du classement (sémantique) permettent-ils de se poser des questions (d'ordre sémantique) et d'affiner la première intuition que l'on peut avoir de l'identité des emplois du mot.

Éléments bibliographiques

ANSCOMBRE, J.-C. (1998), « Regards sur la sémantique française contemporaine », *Langages* 129 : 31-51.

BAT-ZEEV SHYLDKROT, H. (1981), « À propos de la forme passive *se voir + Vinf* », *Folia linguistica* XV / 3-4 : 387-407.

BAT-ZEEV SHYLDKROT, H. (1984) « La concurrence entre la proposition conjonctive et *voir* + la proposition infinitive », *The French Review* LVIII/2 : 202-215.

BAT-ZEEV SHYLDKROT, H. (1997), « La grammaticalisation des auxiliaires : le cas de *voir* », *Scolia* 10 : 205-224.

DE VOGÜÉ SARAH (1999), « Construction d'une valeur référentielle : entités, qualités, figures », in *La référence 2, Travaux linguistiques du Cerlico* 12, Presses universitaires de Rennes : 77-106.

DUBOIS, J. & DUBOIS-CHARLIER, F. (1997), *Les Verbes français*, Paris, Larousse.

FRANCKEL, J.-J. (2002), « Introduction », *Langue française* 133, *Le lexique entre identité et variation* : 3-15.

FRANCKEL, J.-J. & LEBAUD, D. (1990), *Les figures du sujet. À propos des verbes de perception, sentiment, connaissance*, Paris, Ophrys.

FRANCKEL, J.-J. & PAILLARD, D. (1998), « Aspects de la théorie d'Antoine Culioli », *Langages* 129 : 52-63.

FRANÇOIS, J. (2001), « Désémantisation verbale et grammaticalisation : *(se) voir* employé comme outil de redistribution des actants », *Syntaxe & Sémantique* 2 : 159-175.

GROSS, M. (1995), « Une grammaire locale de l'expression des sentiments », *Langue française* 105 : 70-87.

KLEIBER, G. (1999), *Problèmes de sémantique. La polysémie en questions*, Lille, Presse du Septentrion.

LEEMAN, D. (2002), *La Phrase complexe. Les Subordinations*, Bruxelles, De Boeck-Duculot.

LEEMAN, D. (2006), « *Je* et *lui* ou les sujets insoumis », *Revue belge de Philologie et d'Histoire*, numéro spécial : *Le point sur la langue française. Hommage à André Goosse*, mars : 351-367.

PAILLARD, D. (2000 in 2002), « Prépositions et rection verbale », Colloque *Prep'2000,*Tel-Aviv, actes dans *Travaux de linguistiques* 44, Bruxelles, Duculot : 51-67.

PAILLARD, D. (2002), « Prépositions et rections verbales », *Travaux de Linguistique* 44 : 51-67.

PICOCHE, J. (1986), *Structures sémantiques du lexique français*, Paris, Nathan.

PICOCHE, J. (1993), *Didactique du vocabulaire français*, Paris Nathan.

PICOCHE, J. & ROLAND, J.-C. (2002), *Dictionnaire du français usuel*, Bruxelles, De Boeck.

SAKHOKIA, M. (2004), « Problèmes de synonymie et de polysémie dans l'approche lexicale du verbe », in C. Vaguer & B. Lavieu (dirs) *Le verbe dans tous ses états*, Presses universitaires de Namur, coll. « Diptyque » : 149-160.

Sophie Hamon et Danielle Leeman
Université de Paris 10, UMR 7114 (MoDyCo)

Les verbes de cause à partir de l'exemple de *causer*

Dans ce numéro de *Langue française* consacré aux classes syntaxico-sémantiques de verbes, définies de telle sorte que c'est la forme (constructions et distributions) qui permet d'établir des ensembles notionnels (verbes de « perception », de « sentiment », de « transfert », etc.), on s'intéressera plus particulièrement à l'ensemble des termes que l'intuition et la présentation lexicographique (à travers ses définitions et ses synonymes) range dans l'expression de la « cause » (*causer, provoquer, susciter, déclencher, générer, faire*, etc.). Après avoir évoqué les problèmes de définition en langue que pose cette notion, on comparera à cet égard le classement qu'opère M. Gross (1975) dans ses tables de propriétés syntaxiques et la description qu'en font J. Dubois & F. Dubois-Charlier (1997), qui ajoute aux critères syntaxiques des propriétés morphologiques et distributionnelles plus précises, et des propriétés sémantiques justifiées par des « opérateurs » (cf. la Présentation du présent numéro) permettant d'étayer linguistiquement l'intuition sémantique. Enfin, la méthode observée dans *les Verbes français* sera comparée à l'approche « sens ⟷ texte », à partir de l'article sur les verbes de cause de S. Kahane & I. Mel'čuk (2006).

De façon à délimiter une classe sémantique « verbes de cause » autrement que sur la seule base d'une intuition mouvante, nous proposons le critère de la commutation avec le verbe de la paraphrase *être la cause de* ; ainsi *produire* sera dit « verbe de cause » dans (GLLF) *La guerre produit de grands maux* (*La guerre est la cause de grands maux*) mais non dans (GLLF) *Chaque animal produit son semblable* (* *Chaque animal est la cause de son semblable*). Selon ce critère, les verbes traditionnellement dits « causatifs » ne sont pas des « verbes de cause » : ainsi *caraméliser* dans *Pierre a caramélisé le sucre* n'est pas paraphrasable par *être la cause de* (**Pierre a été la cause du sucre*) ; de même, s'il y a bien un sens causal dans *Cette anecdote a amusé Marie*, le verbe *amuser* n'est pas « de cause » dans notre terminologie (* *Cette anecdote a été la cause* *de Marie*). Il s'avère, à observer le paradigme des emplois admettant cette substitution, qu'ils supposent deux arguments prédicatifs : c'est donc là une deuxième propriété définissant ce que nous appelons « verbes de cause ».

I. DIFFICULTÉ DE DÉFINITION

Intuitivement, même si la notion de « cause » elle-même est difficile à définir (1.1.), reconnaître une relation causale ne pose pas de difficulté (1.2.)... du moins en première approximation (1.3.) :

1.1. La notion de « cause » est difficile à définir : en témoigne l'effet de circularité des définitions lexicographiques ; si l'on prend l'exemple du *Grand Larousse de la langue française* (GLLF), *cause* est glosé par « ce qui est à l'origine de qqch » (cf. *origine* « commencement de l'existence d'une chose, avec ou sans idée de causalité », « ce qui provoque l'apparition d'une chose », « *être à l'origine de qqch*, en être la cause »), « ce qui produit ou occasionne qqch » (cf. *produire* « donner naissance, provoquer, être la source, la cause », *occasionner* « être la cause de »). Ces gloses ne sont cependant pas inutiles, car elles procurent une série de termes permettant d'établir des commutations ; supposons en effet que l'on se donne comme définition provisoire théorique de la cause ceci : dans une structure X *verbe* Y, *verbe* est compris comme causal si X est responsable de l'existence de Y – ainsi dans *Ma sœur me cause des soucis*, le sujet *ma sœur* est compris comme étant le responsable de *mes soucis* (Y). Mais cette définition interprétative est trop générale, car, à partir de *Mamie tricote un pull*, on peut aussi considérer que Mamie est la responsable de l'existence du pull ; or dire *Mamie est la cause du pull* serait linguistiquement contre-intuitif. On peut confirmer que *tricoter* ne soit pas rangé dans les « verbes de cause » par le fait qu'on ne peut pas simplement lui substituer dans *Mamie tricote un pull* le verbe *causer*, ni *occasionner* ni *être à l'origine de* ou *produire* (**Mamie cause un pull*, **Mamie occasionne un pull*, *?? Mamie est à l'origine d'un pull*, *??Mamie produit un pull*).

1.2. Reconnaître intuitivement une relation causale ne pose pas de difficulté : en tant que locuteur, chacun est capable d'interpréter *la tempête* comme exprimant ce qui a causé les dégâts dans *La tempête a causé des dégâts* aussi bien que dans *La tempête a entraîné / engendré / produit / provoqué / fait des dégâts* ; le problème est de justifier le jugement sémantique « il y a une relation causale », que l'on porte sur les énoncés précédents mais non, par exemple, sur *Le président de la République a déploré les dégâts*, ni *La tempête a sévi la nuit entière* ni *Ah, ça ! on en aura causé, de la tempête de 99 !* etc. De plus, ce jugement n'est pas entièrement fiable si l'on veut constituer la classe des verbes (ou emplois de verbes) dotés de ce sémantisme, ainsi qu'on peut s'en apercevoir en consultant certaines classifications uniquement fondées sur l'intuition du sens. Ainsi, *le Thésaurus Larousse* rassemble sous la rubrique « cause » (entrée 34) un certain nombre d'expressions de toutes catégories. Concernant les verbes, s'ils correspondent bien à cette notion d'un point de vue intuitif, ils n'en épuisent pas le paradigme puisque l'on n'y trouve pas *faire* ou *générer*, pourtant bien susceptibles d'établir une relation causale dans *La tempête a fait des dégâts*, *L'accident a fait trois morts* ou *Sa politique génère des insatisfactions* – le classement pêche par manque d'exhaustivité, sans doute précisément parce que la simple intuition conceptuelle ne constitue pas un outil suffisamment fiable (p. 18) :

1. causer, amener, apporter, attirer, déclencher, déterminer, engendrer, entraîner, motiver, occasionner
2. produire, provoquer, susciter
3. aboutir à, conduire à
4. impulser, appeler, commander, comporter, impliquer, nécessiter, contribuer à
5. exciter, inciter, inspirer, pousser, inviter à, allumer, fomenter, déchaîner, semer[1].

1.3. La lecture de ces listes suscite une gêne dans la mesure où, le propos étant notionnel, sont rangés ensemble, par exemple, *exciter* et *inciter* ; or le premier est transitif direct (*Sa fortune excite la jalousie*) mais le second transitif indirect (*Sa fortune incite à la prudence*) – on peut d'ailleurs dans ce dernier cas se demander si l'on a toujours affaire à de la « cause » : peut-on vraiment dire que *inciter à* institue *sa fortune* comme « la cause » de *la prudence* dans la mesure où, avec ce verbe, le résultat (l'effet) n'est pas un fait mais plutôt seulement une possibilité envisagée ? Par ailleurs, *inciter* est susceptible d'entrer dans une structure à trois arguments (*Son comportement nous incite à la prudence*), ce qui n'est pas le cas de *exciter* (* *Sa fortune nous excite la jalousie*), et d'avoir un complément infinitif (*Ses frasques (nous) incitent à reconsidérer sa candidature*), ce que n'admet pas non plus *exciter* (* *Sa fortune excite à lui demander de l'argent*). En revanche, les deux acceptent un sujet phrastique, propriété qui paraît générale dans le paradigme rassemblé dans le *Thésaurus* : *le fait que Paul s'en aille (cause + amène + apporte + attire + déclenche +…) différents problèmes*. Cet exemple montre les difficultés à définir le sens causal des verbes et de surcroît sans considération de leur(s) construction(s).

La conclusion est que : (1.1) si la notion de « cause » est globalement intuitive, il existe une certaine difficulté à la définir précisément d'un point de vue linguistique ; (1.2) de fait, les dictionnaires et le *Thésaurus* rassemblent des synonymes qui à première vue établissent bien une relation causale entre ce que dénote leur sujet et ce que dénote leur objet mais sans que le paradigme apparaisse complet, ni même le classement explicite ; (1.3) le recours à l'intuition sémantique aboutit à une liste hétérogène du point de vue linguistique, en ceci que le regroupement des verbes ne coïncide pas toujours avec leurs propriétés syntaxiques. La définition du sens qui leur est commun et qui justifie leur rassemblement échappe à la description, ce qui à la fois reflète et alimente l'idée répandue que le sens (linguistique) se confond avec l'intuition conceptuelle d'une part, et qu'il est autonome par rapport à la syntaxe d'autre part (postulat qui justifie implicitement que les propriétés formelles ne soient pas prises en compte dans le classement sémantique)[2].

---

1. Dans les listes du *Thésaurus* que nous reproduisons ci-dessus, nous ne retenons pas les locutions, telles *être cause de, être cause que, donner lieu à, donner naissance à*, etc.
2. Le rassemblement des synonymes du verbe *causer* dans le *Dictionnaire Électronique des Synonymes* du CRISCO aboutit également à des « cliques » de synonymes de *causer* synonymes entre eux qui ne sont pas systématiquement homogènes du point de vue syntaxique.

2. LES « TABLES » DE M. GROSS (1975)

La classification de M. Gross (1975) procède à l'inverse, opérant le regroupement sur la base de propriétés syntaxiques considérées *a priori* comme pertinentes : d'une part la construction du verbe (transitif direct ou indirect, avec dans ce dernier cas un sous-classement en fonction de la préposition), d'autre part la sous-catégorisation des arguments (avec une attention particulière portée à la possibilité de sujet et/ou de complément phrastique (complétive) ou infinitif).

2.1. Si l'on reprend la liste constituée par D. Péchoin *et al.*, on observe alors que les verbes ne sont effectivement pas rangés par M. Gross dans les mêmes classes ; ainsi, pour la première sous-classe (1) constituée dans le *Thésaurus*, seuls se retrouvent ensemble *causer, apporter, attirer* dans la table 19, et *susciter* est avec eux alors qu'il relève de la sous-classe (2) telle que définie par D. Péchoin *et al.* :

TABLE « Structure principale » (M. Gross, op. cit. : 232)	3 N V N V$_{inf}$	4 Que P V N	6 N V Que P	9 N V Que P à N	10 N V Que P Prép N	11 N V N à ce que P	15 N V de ce que P Prép N	19 Que P V N Prép N
causer							+	+
amener	+		+			+		
apporter	+				+	+		+
attirer	+	+						+
déclencher					+			
déterminer			+		+	+		
engendrer			+					
entraîner	+				+	+		
motiver				+	+	+		
occasionner				+	+			
produire			+	+				
provoquer		+	+					
susciter								+

Pris tous ensemble, ces verbes apparaissent systématiquement différents les uns des autres (ainsi que le montrent les combinaisons de « + » marquant leur appartenance à telle ou telle table), ce que l'on peut interpréter comme la preuve qu'effectivement on ne peut pas fonder un classement sémantique (qui serait conforme à l'intuition spontanée) sur des bases formelles uniquement :

• La table 3 rassemble les causatifs de mouvement (*amener, attirer, entraîner*) ; on peut considérer qu'il s'agit bien de « cause » mais appliquée à un domaine spécifique ; on notera qu'il n'est pas toujours possible de vérifier qu'une propriété est effectivement le cas, faute d'exemples (*Paul amène Marie faire les soldes, ?Paul entraîne Marie faire les soldes, ??Paul attire Marie faire les soldes*). Seul le verbe *attirer* se voit coder « + » pour le sujet *le fait que P* (??*Le fait que les prix sont bas attire Marie faire les courses*).

• La table 4 regroupe les emplois à sujet « non restreint », plus particulièrement phrastique, et à objet humain ; beaucoup d'entre eux sont sémantiquement homogènes, référant à « un sentiment "déclenché" par N_0 et "éprouvé" par N_1 » (p. 170) : il s'agit là encore de « cause » appliquée à un domaine spécifique (les sentiments).

• La table 6, définie par la structure à complétive objet direct, est hétérogène aussi bien du point de vue sémantique (du moins en première approximation) que du point de vue syntaxique – par exemple, *Je vois que Paul travaille* permet *Je vois Paul travailler* tandis que *J'écoute Paul travailler* n'est pas corrélable à * *J'écoute que Paul travaille* (p. 177), mais les deux verbes n'en sont pas moins rangés dans la même classe. Semblablement, les verbes de cette table 6 n'admettent pas tous un sujet phrastique, comme c'est le cas, dans notre liste, de *amener, déterminer, engendrer, produire, provoquer* ; or, si – avec l'idée de constituer un paradigme de verbes de cause –, on rassemble ceux qui ont cette propriété, on aboutit à une sous-classe intégrant par exemple *amorcer, autoriser, encourager, encourir, favoriser, inaugurer, inviter, mériter, préfigurer, préparer, risquer* qui – comme *inciter à* tel que commenté ci-dessus –, ont bien affaire avec une cause mais en quelque sorte « inchoative », c'est-à-dire dont l'effet est envisagé, à venir. Un autre sous-ensemble (toujours à l'aune de l'intuition) de ces verbes à sujet phrastique a en commun la suppression de quelque chose (et non sa création, comme *causer, susciter*, etc.) : *abroger, ajourner, annuler, éviter…*

• La table 9 regroupe les (emplois de) verbes admettant, outre l'objet direct phrastique, un GP en *à* (*Paul avoue à la police qu'il a commis un crime*) ; elle concerne dans notre liste *motiver, produire, occasionner* – ce dernier ne pouvant être un « verbe de communication ». En attendant une vérification plus approfondie, la tentative de trouver des phrases correspondantes aboutit à des énoncés peu acceptables : ?? *Le chef de service motive à Paul qu'il est mis à pied*, ?? *Il lui produit qu'il est mis à pied.*

• La table 10 comprend les verbes *apporter, déclencher, déterminer, entraîner, motiver, occasionner*, et connaît une construction du même type que dans la table 9 à ceci près que la préposition introduisant le N_2 est autre que *à* ; la classe n'est a priori pas homogène sémantiquement (*abolir, abriter, biffer, butiner…*). *Déclencher, déterminer, entraîner, motiver, occasionner* ont en commun d'être associés à un GP en *pour*, alors que *apporter* l'est à « Loc » (qui symbolise un « lieu » introduit par *à*, *dans*, *de* (p. 193) : *Paul a versé à ce dossier que tu avais fait cela, Paul a ancré dans son esprit que tu avais fait cela, Paul a déterré de sa mémoire que tu avais fait cela*) ; ils ont également en commun la possibilité d'un sujet *(le fait) que P*, ce qui est aussi le cas de *apporter* mais également d'autres verbes comme *abolir*, dont on peut considérer qu'il établit une cause « négative » (comme *annuler*, *détruire*, *supprimer*... ci-dessus).

• Les verbes *amener*, *apporter*, *déterminer*, *motiver* relèvent de la table 11, définie par la construction $N_0 V N_1$ *à ce que P*, où la complétive peut prendre la forme d'un infinitif à sujet N_0 ou à sujet N_1.

• La table 19 se caractérise par la structure *Qu P V N1 Prep N2*. Donc les verbes *causer*, *apporter*, *attirer*, *susciter* acceptent un complément prépositionnel en *à* avec un $N_{2\,hum}$: *Que Paul soit venu sans être invité (a causé + attiré + suscité) des ennuis à Max*. Ce complément prépositionnel en *à* est la propriété qui les distingue des autres verbes de cause : *déclencher*, *entraîner*, *provoquer* ne se construisent pas avec *à* (*Il cause des soucis à ses parents ; Il me cause des soucis* vs *??Il provoque des soucis à ses parents ; *Il me provoque des soucis ;*Il m'entraîne des soucis*). Notons cependant que, en étudiant de plus près les paradigmes lexicaux, on se rend compte qu'un complément cliticisé est possible[3] : *Ça me déclenche toujours une crise, les émotions* (R. Queneau) ; *C'est, quant à moi, l'invariable effet qu'elle me produit depuis mes plus tendres années*.

• La table 15 de *causer* renvoie au sens « communication » : dans cet emploi, le verbe refuse le sujet phrastique, possibilité que connaissent en revanche *attester*, *justifier*, *témoigner* – on notera que, intuitivement, *justifier* entre dans le paradigme des verbes de cause bien qu'il ne soit pas cité par le *Thésaurus* : *Le comportement de Pierre justifie sa mise à pied*.

2.2. Si l'on synthétise ces premières observations, on peut dire des tables de M. Gross (1975) trois choses :

– d'une part, l'absence d'exemples empêche de vérifier concrètement la pertinence des « + » et des « – » qui enregistrent les propriétés censées caractériser les classes ; dans beaucoup de cas, on trouve soi-même spontanément un énoncé simple mais lorsque cela ne se produit pas, on ne peut déterminer s'il s'agit d'une erreur de codage de la part de l'auteur ou d'un défaut d'imagination du lecteur : est-ce que *le fait que P attire N_1hum V_1inf* est vraiment attestable ? De même, à l'inverse, il semble bien que *le fait que P attire N_1 à N_2hum* (*Qu'il se soit absenté sans prévenir attire des ennuis à son collègue*) soit possible, mais ce n'est pas codé « + » par M. Gross : on est renvoyé à une vérification dans les textes.

---

3. Une recherche sur le corpus informatisé Frantext (de 1950 à 2000) n'a fourni aucun exemple pour le verbe *provoquer* précédé d'un clitique, quoiqu'on puisse forger facilement *Cet antimoustique lui provoque à chaque fois de l'urticaire*. En revanche, elle confirme que le syntagme prépositionnel avec un N2hum est possible avec une autre préposition que *à* : *La langue anglaise ne provoque jamais en moi ce désir de perfection linéaire que me donne le français ; La seule pensée de Miss Milbanke déclenche chez moi le réflexe de l'estime*.

– d'autre part, en revanche, la lecture de ces tables permet de repérer d'autres verbes que ceux qu'énumère le *Thésaurus*, comme *secréter* dans la table 6, qui, intuitivement, correspond bien à l'idée d'un verbe de cause – de fait, il commute paraphrastiquement avec ceux du paradigme initial : *Voir ce film (secrète + provoque + déclenche + cause + suscite + engendre + génère...) une sourde angoisse*. On a vu de même que l'on peut, à partir des classes constituées par M. Gross, prendre conscience de phénomènes que ne révèle pas l'intuition immédiate : la « cause » est spontanément vue de manière en quelque sorte positive, comme la relation qui s'établit entre un X et un Y telle que « Y vient à l'existence du fait que X », et non de manière négative, lorsque l'interprétation est que « Y disparaît du fait que X » (*annuler, détruire, supprimer...*) – or le classement syntaxique conduit à réviser ce point de vue : si *causer* décrit l'apparition d'un Y, pourquoi ne pas voir dans *supprimer* un verbe de cause décrivant la disparition d'un Y[4] ? Ici, cependant, *annuler, détruire, supprimer* n'entrent pas dans une commutation avec *causer* mais acceptent une paraphrase où *causer* est verbe support : *supprimer = causer la suppression* (comme *chagriner = causer du chagrin*).

– autre point à retenir, la sous-catégorisation du sujet paraît être une propriété pertinente pour les verbes de cause (dans les quatre tables concernées examinées jusqu'ici) : on a la possibilité pour tous les emplois d'une structure *(le fait) que P – W* où « W » symbolise tous les types de compléments que l'on peut rencontrer. Cette observation est d'autant plus intéressante qu'elle rejoint la caractéristique de la relation causale telle qu'on l'a établie pour l'association de phrases (« juxtaposées », « coordonnées » ou « subordonnées » selon la terminologie traditionnellement utilisée, cf. S. Hamon 2005), qui est que la cause relie des procès et non des entités. Dans cette perspective, il est confirmé que, si les verbes de la table 3 correspondent à des emplois qui évoquent intuitivement la notion de « cause » (ce que renforce l'appellation « causatif » utilisée par M. Gross), ils ne seraient pas à étiqueter de cette manière d'un point de vue linguistique – *Marie* dans *Pierre amène Marie faire les soldes* n'étant pas d'ordre prédicatif[5]. L'hypothèse qui émerge donc de l'examen de ces quatre tables, étayée par ce qui est déjà acquis par le travail accompli sur l'expression de la cause dans la relation entre phrases (S. Hamon 2005), est que, d'une part, les verbes « de cause » relient un X et un Y, et que, d'autre part, X et Y sont dans cette structure des prédicats (noms prédicatifs, infinitifs ou complétives).

2.3. La conclusion provisoire est par conséquent que les verbes qui réfèrent (intuitivement) à une relation causale sont transitifs, à un complément (au moins) ; la sous-catégorisation est un critère pertinent de leur définition :

---

4. Merci à J. François d'attirer notre attention sur le fait qu'on observe assez souvent un comportement syntaxique analogue des antonymes : CAUSER que P et CAUSER que non-P peuvent présenter des analogies intéressantes (ex. *conseiller/déconseiller à qn de INF*).

5. La position sujet permet l'interprétation prédicative d'un nom propre, ou d'un nom concret : *Cet enfant a amené le bonheur dans la famille* (= l'arrivée de cet enfant) ; *Mon vase cause l'admiration de tous* (= la vue de mon vase).

causer n'a plus trait à la cause s'il est intransitif ou transitif indirect (dans *Paul cause toute la journée, causer* a l'interprétation « verbe de communication » comme dans *Paul a causé de cette dispute* vs *Paul a causé cette dispute*) ; il en va de même pour *motiver* et son complément (dans *Le fait que Marie vienne motive Paul, motiver* décrit certes l'apparition d'un certain sentiment chez Paul (la motivation) mais *Paul* ne peut être interprété comme le Y effet de X (la venue de Marie) – entre parenthèses, *motiver* + N_{hum} devrait apparaître dans la table 4, où il n'est cependant pas enregistré). La lecture des tables apporte en outre de quoi compléter les listes intuitivement établies dans le *Thésaurus*, et, ce, sur des bases syntaxiques (c'est le cas de *justifier*).

Contrairement à l'idée répandue d'une autonomie du sens relativement à la syntaxe (rappelée en conclusion du point 1 ci-dessus), l'hypothèse apparaît donc plausible que les verbes de cause (appréhendés d'un point de vue linguistique) sont susceptibles d'être rassemblés sur une base syntaxique : une construction minimalement définissable comme X *verbe* Y où X et Y sont prédicatifs – le problème posé par la classification de M. Gross (1975) étant que ces emplois sont disséminés dans plusieurs tables, du fait du choix par l'auteur des critères qu'il juge pertinents pour son propre classement. L'hypothèse de définition à laquelle nous parvenons doit cependant être spécifiée, du fait que retenir la seule structure $X_{prédicatif}$ V $Y_{prédicatif}$ englobe des verbes non causaux : ainsi *témoigner* peut entrer dans un énoncé tel que *Le fait que Paul s'en aille (X) témoigne de ce que Marie l'a finalement convaincu de partir (Y)* mais, pour autant, X *verbe* Y ne se prête pas ici à une substitution de type « X *cause / déclenche / suscite* (etc.) Y » ni n'est paraphrasable par *être la cause de* – autrement dit, *témoigner* connaît la construction définissant le verbe de cause sans être lui-même un verbe de cause, d'où la nécessité de raffiner la classification par le recours aux commutations.

3. *LES VERBES FRANÇAIS* DE J. DUBOIS ET F. DUBOIS CHARLIER (1997)

Rappelons que, contrairement à M. Gross (1975), dont le corpus des verbes à classer – établi à partir du Bescherelle – rassemble ceux qui sont susceptibles de sous-catégoriser une complétive et/ou un infinitif, J. Dubois & F. Dubois-Charlier traitent 12.310 verbes différents (dont 4.188 ont plusieurs emplois), corpus issu de la compilation de grands dictionnaires, sans réduction préalable selon tel ou tel critère – on a donc beaucoup plus de sous-classes (voire de « sous-sous-classes ») pour rendre compte de la polysémie de chacun.

3.1. causer

Ainsi *causer*, qui appartient à deux tables selon la classification de M. Gross, se voit ici affecter sept emplois (numérotés de 01 à 07) :

• Les quatre premiers relèvent de la classe C – soit celle des « verbes de communication ». Si, le verbe, au sens « communication », s'inscrit dans une seule table chez M. Gross mais dans quatre sous-classes syntaxiques différentes chez J. Dubois & F. Dubois -Charlier, c'est parce que l'on a affaire en fait à quatre « schèmes syntaxiques » (ou constructions). Le sujet est toujours [+humain] mais :

– *causer* 01 est intransitif (*On cause sans agir*) ≈ *bavarder,* il y a un dérivé en -*eur* (*causeur*)[6].

– *causer* 02 est transitif à double complément (*On cause avec Pierre des stagiaires*) ≈ *converser.*

– *causer* 03 est transitif indirect en *à* ou intransitif en *avec* et pronominal réciproque (*On ne cause plus à Pierre depuis un an / On ne se cause plus*) ≈ *parler à*[7].

– *causer* 04 est intransitif (*Le truand a causé*) ≈ *avoué.*

• *causer* 06 relève de la classe D (sous-classe syntaxique D3b) – pour « don » : il prend un sujet humain, avec une construction à double complément : N1 est abstrait, et N2 humain, introduit par la préposition *à* : *On cause des torts à Pierre* ≈ *occasionner.* Bien que *occasionner* soit utilisé comme « parasynonyme » de *causer* 06, il n'appartient pas à la même sous-classe syntaxique, étant défini par un sujet inanimé (*La tempête occasionne des dégâts à la maison*) – mais il reçoit lui-même *causer* comme parasynonyme.

• *causer* 05 *et causer* 07 relèvent de la classe E – définie comme « entrer / sortir », et de la classe sémantico-syntaxique 4, laquelle correspond à l'emploi « figuré » de la classe sémantico-syntaxique 3 (« faire aller qqch qqpart ») – où « figuré » étiquette l'emploi où le complément est abstrait. La sous-classe syntaxique E4f qui rassemble ces deux emplois reçoit la glose « causer qc ». Les deux sont transitifs : *causer* 05 est transitif à sujet humain avec instrumental susceptible de devenir sujet (*J'ai causé un accident par mon imprudence / Mon imprudence a causé un accident*) ; le verbe *causer* 07 est transitif à sujet inanimé, sans instrumental (*Cette maladie cause une forte mortalité*).

Par comparaison avec notre propre hypothèse, qui définit un paradigme « verbe de cause » sur la base de la prédicativité des arguments, l'emploi *causer* 06 et l'emploi *causer* 05, définis par un sujet humain, relèvent effectivement d'autres classes, l'une de schème *Nhum – Nabs à Nhum*, l'autre de schème *Nhum – Nabs GPinstr*. En revanche, *causer* 07 entre dans notre paradigme, étant caractérisé par le schème *N préd – N préd*, où *N préd* symbolise non seulement des noms mais aussi des complétives ou des infinitifs – ce que J. Dubois & F. Dubois-Charlier ne signalent pas dans la version papier à laquelle nous avons eu accès du fait que l'illustration privilégie la phrase simple, marginalisant ainsi les arguments phrastiques (cf. l'article d'A. Balibar-Mrabti ici même).

La classification proposée dans *Les Verbes français* désarçonne le lecteur dans la mesure où les classes ne correspondent qu'en partie à l'intuition spontanée : ainsi, il est clair pour tout le monde que *causer* n'a pas le même sens dans *Nous avons longuement causé de la situation* et dans *C'est ce qui a causé sa perte* (on s'attend donc à ce que le verbe entre dans deux classes différentes), mais on est

---

6. Le fameux *Tu causes, tu causes, c'est tout ce que tu sais faire !* correspond à cet emploi et à aucun des trois autres.

7. Le banal *Toi, je ne te cause pas !* ne peut correspondre qu'à cet emploi et à aucun des trois autres, de même que *Tu as cinq minutes ? J'ai à te causer…*

a priori surpris de constater que là où l'on voit toujours de la « cause », *causer* pour J. Dubois & F. Dubois-Charlier relève d'une classe D (« don ») et d'une classe E (« entrer/sortir »), et l'on aurait envie de voir si l'intuition que l'on a partout de la « cause » est susceptible de se vérifier linguistiquement. Ainsi qu'annoncé dans notre introduction générale, nous proposons pour ce faire la paraphrase *être la cause de*, qui sépare d'emblée de ce que nous appelons « verbes de cause » (a) les verbes traditionnellement dits « causatifs » de type *conduire* dans *Eve conduit son fils à la piscine* (**Eve est la cause de son fils à la piscine*) et (b) les verbes étiquetés « psychologiques » par M. Gross (1975) : *chagriner* introduit bien une idée causale dans *Le départ de Paul chagrine Marie* mais exclut la paraphrase (**Le départ de Paul est la cause de Marie*) donc relève d'un autre type sémantique (*chagriner*, c'est *causer du chagrin*).

L'ensemble des verbes rassemblés par la paraphrase *être la cause de* se répartissent alors effectivement (eux ou leurs emplois) selon deux constructions, qui justifient chez J. Dubois & F. Dubois-Charlier la séparation pour *causer* entre la classe D (« don »), à double complémentation (D3b), et la classe E (« entrer/ sortir »), à complémentation simple (E4f) – respectivement, par exemple, *Cette histoire va nous causer du tort* et *L'épidémie a déjà causé une forte mortalité*. Dans ce dernier cas, le complément d'objet indirect n'apparaît pas possible (**L'épidémie a déjà causé une forte mortalité à la population* ; **L'épidémie lui a causé une forte mortalité*). En revanche, l'ajout « locatif » (qui introduit plutôt un patient) est possible : *L'épidémie a causé des ravages dans la population* ; *L'épidémie y a causé des ravages*, ce qui correspond également aux structures avec syntagme prépositionnel en *en* ou *chez* pour les verbes *produire*, *déclencher*, *procurer*, *susciter* (non signalées dans *les Verbes français*)[8]. Selon le statut syntaxique du verbe, l'entité ne se présente pas, de fait, affectée de la même façon : elle l'est directement dans *Cette musique me produit une sensation de bien-être* ; *Luc me cause des soucis en ce moment*, mais indirectement dans *Cette musique produit en moi une sensation de bien-être*. La différence se manifeste linguistiquement dans la sélection (ou distribution) des arguments (ainsi qu'on l'a vu plus haut en commentant la table 19) : *??Cela me produit/ provoque/ me suscite du dégoût* vs *Cela produit/ provoque /suscite en moi du dégoût* ; **Cela me produit / déclenche de la révolte* vs *Cela produit/ déclenche chez moi de la révolte*.

Par rapport à la liste 1 initialement constituée à partir du *Thésaurus*, on retrouve avec *causer 07* : *déterminer*, *engendrer*, *entraîner*, *motiver*, *produire*, *provoquer*, *susciter*, mais aussi d'autres verbes : *commander* (*Ce tableau commande l'admiration*), *distiller* (*La lecture de ce roman distille l'ennui*), *faire* (*Cet incident fait que j'arrive en retard*), *induire* (*La création de cette usine induit de nombreux emplois*), *opérer* (*Cet échec a opéré chez Pierre un grand changement*), *secréter* (*La lecture de ce roman secrète l'ennui*)… L'exemple qui illustre *faire*, où le complément est une complétive, montre que les auteurs ont bien pris en compte les

---

8. Ainsi que nous le fait remarquer Denis Le Pesant, du point de vue sémantique, on peut se demander pourquoi ces verbes sont rangés en « E » (pour entrer », opérateur *ire*). Il s'agit peut-être d'une interprétation subtile de la relation établie entre le sujet (par exemple l'épidémie) et l'ajout locatif (par exemple *la population*) : l'épidémie pénètre dans la population ou y fait pénétrer des ravages.

arguments phrastiques, quoique cette prise en compte ne soit pas explicitée dans le volume papier *Les Verbes français* ; de même l'énoncé associé à *opérer*, qui fait apparaître un ajout locatif, montre que la description ici présentée est un abrégé (l'ajout n'étant pas explicité dans le schème définitoire) ; on peut dans le même ordre d'idées supposer que *ce tableau* dans *Ce tableau commande l'admiration* constitue la réduction d'un prédicat (*la facture de ce tableau, la scène représentée dans ce tableau,* etc.), ainsi que suggéré en note 5 – autrement dit *tableau* n'est pas à prendre comme un nom « concret » – bien que ce type d'analyse ne soit explicité nulle part dans l'ouvrage.

3.2. Bilan sur *causer* dans *Les Verbes français*

L'analyse du traitement du verbe *causer* par J. Dubois & F. Dubois-Charlier conduit à une première observation, qui est que là où l'intuition ne verrait guère qu'une même « action » – par exemple celle de « parler » pour le *causer* rangé dans la classe C –, les auteurs, à partir des constructions syntaxiques et éventuellement des mots morphologiquement apparentés, dégagent diverses acceptions ou différents emplois. On peut certes considérer que cette finesse est excessive (à l'aune de l'intuition conceptuelle), il n'en reste pas moins que la description linguistique devient beaucoup plus précise (ce qui est tout de même l'objectif des linguistes) : si effectivement *parler* peut servir d'équivalent pour les quatre emplois, il n'en va pas de même de *converser* (* *Tu as cinq minutes, j'ai à te converser*) ni de *avouer*, et *causeur* ne vaut que pour *causer* 01.

La deuxième remarque est que le corpus potentiel (c'est-à-dire l'ensemble des énoncés susceptibles de correspondre à chaque emploi) est beaucoup plus étendu que ce que laissent paraître les exemples illustratifs, ce qui montre que la démarche de J. Dubois & F. Dubois-Charlier s'avère plus productive en la matière que celles qui l'ont précédée.

Mais – troisième point – les clés du classement ne sont pas toutes fournies, ni les propriétés le justifiant toutes explicitées. Ainsi, à partir de l'hypothèse que la classification proposée est empiriquement, méthodologiquement et théoriquement fondée, il reste à l'utilisateur à faire émerger, à partir de ce guide qui ne révèle pas tous ses critères, les données qui président au résultat dont on dispose (voir sur ce point D. Leeman (2006) à propos du verbe *sembler*)[9].

4. L'APPROCHE « SENS-TEXTE » À PARTIR D'UN ARTICLE SUR DES VERBES DE CAUSE [10]

L'objectif annoncé de S. Kahane et I. Mel'čuk dans leur article « Les sémantèmes de cause en français » est de caractériser les verbes de cause de manière

---

9. Pour des raisons de place, nous ne pouvons traiter comme prévu les autres verbes de cause dans le détail ; cf. à ce propos D. Le Pesant (2006).

10. Nous remercions Sylvain Kahane de nous avoir procuré le texte de cet article avant sa parution, ce qui nous a permis d'en tenir compte ici.

« purement linguistique », c'est-à-dire non référentielle (il ne s'agit pas de se demander à quelle situation du monde réel correspond la relation en question) et non pragmatico-cognitive (il ne s'agit pas non plus de se demander à quelles conceptualisations du monde, en fonction des croyances des personnes, correspond la relation de cause) : il s'agit de déterminer « quelles conditions caractérisant une représentation sémantique d'une phrase française qui inclut le sens "causer" doivent être présentes pour qu'on ait le droit d'exprimer ce sens en français par tel ou tel moyen linguistique » – autrement dit, de définir le « sens langagier » et de voir comment il se manifeste : son « expression ». La démarche est donc de partir du sens et de lui corréler des formes linguistiques, à l'opposé de celle de J. Dubois & F. Dubois-Charlier, qui partent des (emplois de) verbes classés selon leurs propriétés syntaxiques, distributionnelles, morphologiques et les rassemblent en classes sémantiques au moyen d'un opérateur.

4.1. Étape préliminaire : le rassemblement des verbes de cause

La définition du sens langagier s'entend comme une « modélisation du signifié » (ou sémantème) des lexies (ou unités lexicales), en l'occurrence les verbes français exprimant une causation ; le verbe *causer* recouvre deux sémantèmes (donc deux unités lexicales), *causer1* et *causer2*, distingués sur la base de l'agentivité du sujet, elle-même définie par deux périphrases : *L'acide a dissout/causé la dissolution du tissu* équivaut à *L'acide a été la cause de la dissolution du tissu* (*causer1*), tandis que *Zoe a dissout/causé la dissolution du tissu* (*avec/dans l'acide*) équivaut à *Zoe est le causateur de la dissolution du tissu* (*avec/dans l'acide*).

On notera, d'une part, que l'on peut admettre la première paraphrase pour *causer2* : *Zoe est la cause de la dissolution du tissu* (au moins aussi acceptable que *Zoe est le causateur de la dissolution du tissu*) – ou, de façon tout à fait naturelle, *Tu es la cause de tous nos malheurs, C'est toi la cause de tout ce qui est arrivé (avec tes initiatives stupides)* – : elle n'est donc pas spécifique de l'emploi qu'elle est censée définir ; et, d'autre part, que la deuxième paraphrase est d'ordre plutôt métalinguistique que linguistique, le terme *causateur* n'étant pas d'un emploi usuel. Toutefois les études qui abordent la causalité dans une approche conceptuelle (cf. J. François, 1989) admettent classiquement la distinction entre l'argument agent et l'argument causateur.

Seconde remarque : les auteurs observent que le sens de base du verbe *causer* est dans le sémantème de « milliers de verbes », comme *nettoyer* (*Ce savon nettoie bien* : « cause que Y devienne propre »), *éliminer* (*L'acide élimine la rouille* : « cause que Y disparaisse »), *torturer* (*Cet abcès me torture*), *expliquer* (*Cette phrase explique tout*) – ces verbes sont donc rangés dans le champ notionnel de la cause ; cependant les exemples considérés ne sont pas du même type que le précédent, où *être la cause de* était la variante de *causer* employé comme verbe support avec le nom apparenté au verbe (*dissoudre/causer la dissolution de/être la cause de la dissolution de*) : en l'occurrence d'ailleurs, *nettoyer* et *éliminer* ne sont pas reliés à *causer le nettoyage* (ou *nettoiement*) *de* ou à *causer l'élimination de* mais à *causer* suivi d'une complétive mettant en jeu un adjectif (*propre*) et un verbe (*disparaître*) non morphologiquement apparentés au verbe de départ. Du coup, on ne voit pas nécessairement la périphrase paraphrastique pouvant justifier que *expliquer* dans *Cette phrase explique tout* soit rangé dans les verbes de cause (*i.e.* contenant le sémantème de base *causer1* en l'occurrence, le sujet étant non animé) : ce ne peut être ni *Cette phrase cause l'explication de tout*, ni *Cette phrase est la cause de l'explication de tout*, et dans la formulation *Cette phrase est l'explication de tout*, qui apparaît être l'équivalent le plus probable de *Cette phrase explique tout*, ni le verbe *causer*, ni le nom *cause* ne sont matérialisés.

Ainsi peut-on conclure que le regroupement des verbes de cause s'opère sur des bases sémantiques relativement intuitives (ce qui n'est pas une critique) et que, à ce stade au moins, la préoccupation n'est pas de trouver des critères formels fiables et reproductibles pour étayer l'intuition : les présupposés théoriques comme la méthodologie diffèrent donc de ceux qui ont présidé au classement des verbes par J. Dubois & F. Dubois-Charlier. Dans ce dernier, ni *dissoudre*, ni *nettoyer, éliminer, torturer,* ou *expliquer* ne connaissent un emploi figurant dans la même sous-classe syntaxique des emplois 05, 06 et 07 de *causer* (E4f et D3b) – la classe majoritairement représentée pour ces verbes et commune à tous est la classe F « frapper, toucher » au figuré. Au plus, nous trouvons des emplois de *éliminer* et *nettoyer* dans la classe E « entrée / sortie » :

– E3c « faire sortir qc de lieu »

> *Éliminer* 08, écarter, *On é~ les erreurs du texte.*
> *Éliminer* 01, évacuer, *On é~ les déchets dans l'organisme.*
> *Nettoyer* 02, enlever, f disparaître, *On n~ la tache du pantalon.*
> *Nettoyer* 06, manger complètement, *On n~ tous les petits fours du buffet.*

– E2b « faire sortir qn du groupe, de l'institution, du lieu de travail »

> *Éliminer* 02, exclure, rejeter, *On é~ P de la liste.*

Mais aucun n'est commutable avec le verbe *causer*, donc ne fait partie de ce que nous définissons comme « verbes de cause » : nous n'y retenons pas les « verbes causatifs », selon la terminologie de S. Kahane & I. Mel'čuk (« qui comprennent, à côté de "causer1/2" une configuration sémantique exprimant l'Effet de la causation en question [...] *tuer, construire, refléter...* (p. 28 du manuscrit)), mais seulement les « verbes de causation » (« qui n'incluent pas de spécification de l'Effet [...] » : *causer, déclencher, entraîner, faire...*).

4.2. La description du premier sémantème : *causer1*

Nous nous excusons auprès des auteurs de résumer ici de façon sommaire leur analyse : *causer1* est défini comme un prédicat à trois arguments, X, Y, Z où Z est facultatif : *Le va-et-vient incessant des voitures (X) cause l'irritation de Zoe (Y) par son bruit assourdissant (Z).* Les deux arguments Y et Z « doivent être des faits », ce qui n'est pas le cas de X (*Jean me cause des soucis par son aspect maladif*), mais X est le premier argument de Z (c'est Jean qui a un aspect maladif), Z désignant « nécessairement une partie, une propriété, un état, une action, etc. de X ».

X et Z peuvent se remplacer mutuellement (*Le bruit assourdissant des voitures cause l'irritation de Zoe, L'aspect maladif de Jean me cause du souci*) – cette remarque fait écho à la propriété de l'instrumental susceptible d'être sujet chez J. Dubois & F. Dubois-Charlier, ou encore à la remarque de J. François (2003 :149-150) sur la confusion possible en langue entre le moyen et le causateur.

On peut noter que, si le sujet non animé est forcément non agentif, un X humain est susceptible d'être ambigu (ainsi *Zoe* peut être interprété comme non agentif dans *Zoe irrite Jean par ses caresses,* ou agentif si l'on pense à un scénario sado-masochiste) – auquel cas *causer* est susceptible d'être interprété aussi bien comme *causer1* que comme *causer2.* De fait, J. Dubois & F. Dubois-Charlier ne distinguent pas entre sujet agentif et sujet non agentif, mais – rappelons-le – partent de la construction, qui peut être à deux compléments cliticisables (causer quelque chose à quelqu'un ou à quelque chose), ce qui définit *causer* 06, ou à un complément et un ajout (non cliticisable), ce qui définit *causer* 05 et *causer* 07 – la différenciation entre ces deux derniers emplois étant motivée par le type de sujet : humain pour *causer* 05 : *Pierre a causé un accident (par son imprudence)* et non animé pour *causer* 07 : *Cette maladie cause une forte mortalité (par sa vitesse de propagation).*

La première question est de savoir s'il est utile de distinguer d'une part *causer* 06 (classe D), d'autre part *causer* 05 et *causer* 07 (classe E) : S. Kahane & I. Mel'čuk les rangent en effet sous le même chef *causer1* (si le sujet de *causer* 06 est non agentif). La réponse est oui car les paradigmes qui entrent dans les deux structures diffèrent (or n'oublions pas que le schème syntaxique définitoire d'un emploi, dans *Les Verbes français,* inclut à la fois la construction syntaxique et les unités lexicales qui peuvent y entrer) : si l'on a aussi bien *La mort du tyran a causé une joie immense à la population* (exemple 17k de Kahane et Mel'čuk) et *La mort du tyran a causé la joie immense de la population* (deux compléments dans le premier cas, un seul dans le second), on n'a pas le même parallélisme pour *La mort de Jean a causé la perte de Marie / sa perte* (un complément) et **La mort de Jean a causé à Marie la perte / * La mort de Jean a causé à Marie sa perte* (deux compléments) – en revanche on aurait par exemple *Cette faillite a causé une importante perte d'argent à Marie* (deux compléments) mais *perte* ne relève précisément pas du même emploi dans ce cas (la perte de quelqu'un – emploi que refuse la construction à deux compléments – *vs* la perte de quelque chose), ce qui s'observe en particulier au déterminant : *une perte + à Marie* (en ce qui concerne l'argent, par exemple) ne pouvant s'interpréter comme *la perte de Marie / sa perte.* Il est donc légitime, sur des bases syntaxiques aussi bien que distributionnelles, de distinguer entre *causer* 06 (deux compléments) et *causer* 05/07.

La deuxième question qui se pose est de savoir s'il est légitime de différencier *causer* 05 et *causer* 07 par le seul critère du sujet animé *vs* sujet non animé. Cette question se pose d'autant plus si l'on considère la construction de *causer* 05 avec l'instrumental en sujet (*Sa jalousie a causé de nombreuses disputes*). Dans l'optique de J. Dubois & F. Dubois-Charlier, la dissociation doit reposer sur des propriétés que possède le premier emploi mais non le second (ou réciproquement) – sans malheureusement que la spécification en soit donnée dans

Les Verbes français. On peut cependant faire l'hypothèse que seul le sujet animé étant susceptible d'être ambigu du point de vue de son interprétation agentive ou non agentive, certains modifieurs seront possibles pour *causer* 05 mais non pour *causer* 06 (*exprès, volontairement...*) ; de plus, la différence de sujet entraîne des différences dans la sous-catégorisation et dans la sélection des compléments et ajouts. Ainsi G. Gross, étudiant les SP à valeur causale en *par*, a montré que *par N* (contrairement à *par Poss N*) n'était possible qu'avec des sujets humains (*Pierre a causé un accident par imprudence*) – par conséquent les possibilités d'instrumental à partir de ce type de SP en *par* sont nécessairement différentes selon que *causer* a un sujet humain ou inanimé. Dans le même ordre d'idées, le sujet a aussi une incidence sur le choix du complément (cliticisable) : **Pierre a causé une forte mortalité, ?? Cette maladie a causé un accident*, comme sur celui de l'ajout : **Pierre a causé un accident par sa vitesse de propagation.*

Si l'on se souvient que le schème syntaxique allie structure d'une part et paradigmes lexicaux d'autre part, on voit donc que la dissociation opérée par J. Dubois & F. Dubois-Charlier est motivée linguistiquement, et qu'il est par conséquent légitime de séparer *causer* 05 et *causer* 07, comme cela l'était pour la définition d'un *causer* 06, malgré l'équivalence sémantique apparente que livre une appréhension intuitive des trois emplois.

4.3. La description du second sémantème : *causer 2*

Si S. Kahane & I. Mel'čuk rassemblent sous *causer1* trois emplois que J. Dubois & F. Dubois-Charlier dissocient, sur des bases syntaxiques et distributionnelles (comme on vient de le voir), en revanche ils distinguent entre *causer1* (sujet non agentif) et *causer2* (sujet agentif), ce que ne fait pas *Les Verbes français*.

Pour les auteurs de l'article, le sémantème *causer2* a quatre arguments (et non plus trois), ce qu'illustre *Zoe* (X) *a causé la mort de la grenouille* (Y) *avec une fourchette* (W) *en la lui enfonçant dans l'œil* (Z), où W désigne « l'instrument » (exemple 35 de S. Kahane & I. Mel'čuk). Notons que cette appellation ne correspond pas à la dénomination « instrumental » utilisée par J. Dubois & F. Dubois-Charlier : l'instrumental peut devenir le sujet du verbe alors que l'on n'aurait pas pour W ci-dessus **Une/La fourchette a causé la mort de la grenouille* tandis que serait possible *Lui enfoncer la fourchette dans l'œil a causé la mort de la grenouille*. Du fait que Z, dans l'exemple en question, reprend anaphoriquement W et que l'ordre des deux SP ne peut être modifié, on peut se demander s'il est bien licite de voir là deux arguments (et non deux ajouts, dont l'un explicite l'autre), d'autant que Z aussi bien que W sont non pronominalisables (*?*Zoé en a causé la mort de la grenouille*) et naturellement déplaçables (*En lui enfonçant une fourchette dans l'œil, Zoe a causé la mort de la grenouille/ Avec une fourchette, en la lui enfonçant dans l'œil, Zoe a causé la mort de la grenouille*).

En somme, la différenciation opérée par S. Kahane & I. Mel'čuk entre *causer1* (sujet non agentif) et *causer2* (sujet agentif) rejoint celle entre *causer* 05 (sujet animé) et *causer* 07 (sujet non animé) – du moins syntaxiquement et distributionnellement – sans toutefois la recouper entièrement. Par ailleurs, ils fournissent des données supplémentaires concernant les règles de bonne formation de *causer* qui s'ajoutent à la description des verbes de cause. Un des points intéressants que nous citerons ici en guise d'exemple concerne les contraintes sémantiques et pragmatiques qui apparaissent dans la décomposition de *causer*1. Les auteurs relèvent en effet : « X n'est pas un instrument manipulé par quelqu'un dans une action concomitante à l'événement décrit par "causer1" ». Cela veut dire que, partant d'un énoncé avec un sujet agentif animé (*causer* 05) comme *Tu vas causer un accident avec ta planche*, la transformation de l'instrumental en sujet est impossible si l'instrument en question est manipulé volontairement : *Ta planche va causer un accident (si elle dépasse du coffre + *si tu frappes quelqu'un avec)*. Cette observation (qui mériterait d'être approfondie[11]) définit une propriété de l'instrumental qui serait que sa position sujet (relevée pour l'emploi 05 de *causer* (sujet animé)) n'est en réalité possible que si le sujet n'est pas agentif – qu'il n'a pas volontairement utilisé l'instrument dans cet optique. Auquel cas, les deux distinctions (animé/non animé et agentif/non agentif) ont leur pertinence dans la description du verbe *causer*, mais la première est suffisante et nécessaire pour dissocier deux emplois.

La finesse de l'analyse sémantique des verbes pris en exemples (essentiellement *causer*) de S. Kahane & I. Mel'čuk ne peut être comparée, sinon au profit de ces derniers, au vaste classement de l'ensemble des verbes du français que proposent J. Dubois & F. Dubois-Charlier, à la fois exhaustif par le nombre d'emplois considérés et, semble-t-il, plus pertinent sur les plans syntaxique et distributionnel, mais aussi beaucoup plus « brut » quant aux justifications des séparations ou rassemblements sémantiques dans la mesure où elles ne sont pas toujours explicitées. Les deux types d'approche sont en fait complémentaires : l'une propose une description de la totalité du lexique, avec des données multiples et accessibles selon une grande variété de critères, l'autre consiste à affiner à l'extrême la description de quelques exemples privilégiés.

CONCLUSION

Notre objectif était de définir la classe des verbes de cause, afin de prétendre à une certaine prédictibilité de reconnaissance. Les informations recueillies dans les différents travaux de référence consultés (*Thésaurus, Méthodes en syntaxe, Les Verbes français*, « Les sémantèmes de causation en français ») permettent de formuler la définition suivante : un verbe appartient à la classe des « verbes de cause » si

– il est au minimum transitif direct (il peut avoir un second complément et être associé à un ajout étroitement contraint) ;

---

11. Il ne semble en effet pas impossible d'imaginer des situations telles que *Ma batte de base-ball cause des dégâts, quand j'en frappe ceux qui ne me respectent pas.*

- ses deux arguments fondamentaux (le sujet et le complément) représentent les actants cause et effet (respectivement) ;

- la structure X *VCAUSE* Y est paraphrasable par « X est la cause de Y » (et V n'est pas synonyme d'une structure à verbe support *causer*[12]) ;

- X et Y sont prédicatifs.

Les verbes concernés (dans un certain emploi) apparaissent essentiellement dans la classe E4f de la classification de J. Dubois et F. Dubois-Charlier, à savoir : *appeler, causer, commander, déchaîner, déclencher, déterminer, distiller, engendrer, faire, forcer, induire, influencer, motiver, obliger, opérer, prédéterminer, produire, provoquer, réengendrer, secréter, soulever, susciter*[13].

Ainsi qu'on l'a signalé à plusieurs reprises, la différenciation de certaines classes opérée par J. Dubois & F. Dubois-Charlier peut susciter l'étonnement si l'on se limite à l'intuition sémantique spontanée. Ainsi *occasionner* n'apparaît pas en D3b avec *causer* mais en D3a. C'est qu'en fait, si l'on peut effectivement dire aussi bien *L'élevage des animaux cause / occasionne des nuisances, causer* est rangé parmi les verbes à sujet humain mais non *occasionner* (??*Paul occasionne des nuisances avec ses animaux*) – la relation sémantique entre les deux emplois est cependant signalée par le fait que *causer* est donné dans la rubrique « sens » de *occasionner* et que ce dernier apparaît en parasynonyme de *causer* 05 et *causer* 06. En outre, c'est la sous-classe syntaxique D3a qui est donnée comme pertinente pour les verbes causatifs à complément datif : ils ont un sujet inanimé ou bien la possibilité d'une tournure pronominale (*Cette affaire a valu des ennuis à Pierre ; Ses amis vont lui attirer des problèmes* —> *Il va s'attirer des problèmes avec ses amis ; Il me cause des torts* —> **Je me cause des torts avec lui*) – D3b est une variante syntaxique avec un sujet animé et la non-possibilité d'une tournure pronominale.

De même, on peut se demander pourquoi *entraîner* n'est pas rangé avec *causer* en E4f puisque l'on peut les commuter dans *L'élevage des animaux cause / entraîne des tensions entre voisins* ; mais on s'aperçoit en regardant les possibilités syntaxiques que, si *entraîner* admet une complétive comme complément, ce n'est pas le cas de *causer* : *L'élevage des animaux entraîne / *cause que les relations entre voisins sont tendues* – la substitution n'est donc possible entre les deux (emplois de) verbes qu'en l'une des variantes des constructions définissant *entraîner*.

Ainsi peut-on conclure que le classement livré dans *Les Verbes français* est extrêmement rigoureux et systématique et se justifie par des analyses syntaxiques, sémantiques et distributionnelles approfondies – qui sont récupérables par le lecteur en partant des différentes rubriques.

---

12. Comme *éliminer* équivaut à *causer l'élimination de*.

13. Apparaissent en E4f des emplois au participe (*être improvoqué, être immotivé*) préfixé négativement, ce qui empêche de les considérer comme la transformation simple des constructions transitives (face à *Ce comportement motive sa méfiance / Sa méfiance est motivée*, on n'a pas parallèlement **Ce comportement immotive sa méfiance / Sa méfiance est immotivée*).

Références bibliographiques

BUSSE, W. (1974), « Facteurs de classification verbale », *in* C. Rohrer et N. Ruwet, *Actes du colloque franco-allemand des grammaires transformationnelles, II. Études de Sémantique et autres*, Tübingen, Max Niemeyer Verlag : 40-46.

CAMUS, R. & DE VOGÜÉ, S. dirs. (2004), *Variation sémantique et syntaxique des unités lexicales : étude de six verbes français*, Linx 50.

CORDIER, F. ; FRANÇOIS, J. & VICTORRI, B. dirs. (2000), *Sémantique du lexique verbal*, Syntaxe & Sémantique 2.

DESCLÉS, J.-P. & JACKIEWICZ, A. (2006), ''La causalité dans les textes'', in *La notion de « cause » : approches pluridisciplinaires*, S. Hamon & M. Amy (dirs.), Linx 55.

DUBOIS, J. & DUBOIS-CHARLIER, F. (1997), *Les Verbes français*, Paris, Larousse.

DUBOIS, J. & DUBOIS-CHARLIER, F. (1999), *La dérivation suffixale en français*, Paris, Nathan.

FRANÇOIS, J. (1989), *Changement, Causation, Action*, Paris, Droz.

FRANÇOIS, J. (2003), *La prédication verbale et les cadres prédicatifs*, Louvain-Paris, Peeters, « Bibliothèque de l'Information Grammaticale ».

GROSS, G. (1984) « Compléments adverbiaux et verbes supports », *Revue Québecoise de linguistique* 13-2 : 123-156.

GROSS, G. (1994), « Classes d'objets et description des verbes », *Langages* 115 : 15-30.

GROSS, G. (2005), « Causalité empirique et causes linguistiques », *Grammatica, Hommage à Michael Herslund*, Bern, Peter Lang : 115-122.

GROSS, M. (1975), *Méthodes en syntaxe*, Paris, Hermann.

GUILBERT, L. dir. (1971-1978) *Grand Larousse de la langue française*, Paris [GLLF].

HAMON, S. (2005), *La phrase double causale : propriétés syntaxiques et interprétations sémantiques*, Thèse de doctorat, Université Paris X-Nanterre.

HAMON, S. (2006), « L'expression de la cause en langue », in *La notion de « cause » : approches pluridisciplinaires*, S. Hamon & M. Amy (dirs.), Linx 55.

KAHANE, S. & MEL'ČUK, I. (2006), « Les sémantèmes de causation en français » *in* S. Hamon & M. Amy (dir.) Linx 55.

LEEMAN, D. (2006), « *Je* et *tu* ou les sujets insoumis », in *Le point sur la langue française. Hommages à André Goosse*, Bruxelles, *Revue belge de Philologie et d'Histoire* (numéro spécial) : 351-367.

LE PESANT, D. (2005) « Causalité et concession », in *Questions de classification en linguistique : méthodes et description. Mélanges offerts à Christian Molinier*, I. Choi-Jonin, M. Bras, A. Dagnac & M. Rouquier (éds), Bern, Peter Lang : 195-210.

LE PESANT, D. (2006) « Délimitation linguistique des verbes de cause », *in* D. Leeman & C. Vaguer (dir.) *Didactique du français. Des savoirs savants aux savoirs enseignés*, Presses universitaires de Namur, coll. « Dyptique » : 61-78.

MC CAWLEY, 1976, ''Remarks on what can cause what'', *Syntax and Semantics*, V.6, Academic Press : 117-129.

PARK, W. (2006), *Sémantique et représentation formelle de verbes qui expriment les relations causales : augmenter, conduire, créer, déclencher, diminuer, entraîner, entretenir, pousser, provoquer*, Thèse de doctorat, Université Paris IV.

PÉCHOIN, D. dir. (1991) *Thésaurus Larousse*, Paris.

Dictionnaire Électronique des Synonymes du CRISCO < http://elsap1.unicaen.fr/ >.

Morgane Sénéchal
Crisco, Université de Caen
Dominique Willems
Université de Gand

Classes verbales et régularités polysémiques : le cas des verbes trivalenciels locatifs

I. INTRODUCTION

Trois critères permettent traditionnellement de caractériser un verbe : les structures dans lesquelles il apparaît (constructions syntaxiques et autres propriétés valencielles), ses propriétés sémantico-aspectuelles et le champ lexical auquel il appartient. Les typologies verbales existantes ne présentent généralement pas de mise en rapport systématique de ces trois aspects. Or des travaux récents sur la polysémie verbale ont montré qu'une typologie *intégrée*, tenant compte à la fois des caractéristiques syntaxiques, sémantiques et lexicales des verbes, permet, d'une part, de mieux saisir le rapport entre syntaxe et sens (Willems 2002) et offre, d'autre part, un cadre opératoire pour décrire la polysémie verbale (Willems 2006). Ces observations confortent l'idée (largement acceptée) d'une distribution non arbitraire des propriétés syntaxiques sur le lexique et révèlent l'existence de mouvements polysémiques réguliers à l'intérieur d'une classe lexicale et entre classes lexicales.

La découverte des régularités polysémiques repose toutefois sur un relevé exhaustif des propriétés syntaxiques et sémantiques du lexique verbal. La classification verbale proposée par Jean Dubois et Françoise Dubois-Charlier constitue, sur ce plan, une base de données particulièrement utile.

L'objectif de cette contribution est double : dans une première partie, nous confronterons diverses typologies verbales (Guillet & Leclère 1992, Dubois et Dubois-Charlier 1997, Dixon 1991 et Levin 1993) et proposerons une définition intégrée des emplois verbaux trivalenciels locatifs. Dans une deuxième partie, nous présenterons un classement des verbes trivalenciels locatifs les plus fréquents et analyserons les mouvements polysémiques propres à ce type de verbes.

2. LES TRIVALENCIELS LOCATIFS : UN ÉTAT DE LA QUESTION

2.1. Critères définitionnels et inventaires

La structure qui nous intéresse ici et que nous appelons « trivalencielle locative » est représentée par les verbes *mettre, transposer* et *enlever* dans :

(1)   Je ne trouve plus mon stylo, je ne sais plus *où je l'ai mis* (PR, v° *mettre*)

(2)   Lorsque *le rêve nous transporte dans une autre planète* (Gautier, cité par PR, v° *transporter*)

(3)   *Enlever un fauteuil du salon* pour *le mettre dans la chambre* (PR, v° *enlever*)

La structure se caractérise par la présence de deux arguments post-verbaux nominaux, l'un direct, l'autre indirect et de nature locative (N_0 V N_1 Prép N_{2Loc}). Si peu d'études ont été consacrées spécifiquement à cette structure (l'analyse exhaustive de Guillet & Leclère formant une exception), elle apparaît toutefois dans toutes les classifications verbales, et ce pour la plupart des langues européennes. Les caractéristiques décrites et surtout les inventaires proposés diffèrent toutefois considérablement d'une classification à l'autre. Ces divergences sont révélatrices des problèmes de reconnaissance et de délimitation de la structure.

2.1.1. La classification syntaxico-lexicale de Guillet & Leclère (1992)

L'analyse proposée par Guillet et Leclère en 1992 constitue sans aucun doute pour le français l'étude la plus détaillée de la structure. Outre la distribution spécifique mentionnée ci-dessus, les auteurs proposent et discutent les critères définitionnels suivants : a) le remplacement possible du syntagme prépN par l'interrogatif *où* (ou *d'où*), trait définitoire du syntagme locatif (dorénavant locN) ; b) le statut de "complément du verbe" du locN en opposition avec les compléments de phrase de nature locative ; c) le rapport systématique entre N_1 loc N_2 et la phrase-support N1 *être* loc N_2, comme dans :

(4)   J'ai mis le stylo sur la table ~ le stylo est sur la table

Ces traits soulèvent un certain nombre de problèmes. Pour (a), comme le signalent d'ailleurs les auteurs (pp. 13-14), le remplacement par *où* est parfois problématique, et souvent concurrencé par une structure « Prép. + *quoi ?* » :

(5)   Max assied la maison sur des fondations (*où?, sur quoi?*)

(6)   Max a retiré la taxe du total (*d'où?, de quoi?*)

Pour (b), le problème du statut nucléaire ou non du complément locatif (distinction essentielle dans une mise en rapport entre syntaxe et sens) n'est pas réellement posé dans l'analyse. Ainsi les locatifs des exemples suivants, tout en étant des compléments de verbe, présentent une nucléarité discutable :

(7)   Max arrête le train à Gap

(8)   Max cherche sa montre dans le bar

(9)   Max regarde la mer de son balcon

Dans aucun des exemples cités, le locN ne semble "appelé" par le verbe : il fonctionne plutôt comme élément périphérique, sans impact sur la structure lexicale des verbes concernés (cf. infra).

En ce qui concerne le trait (c), si le rapport entre N_1 loc N_2 peut souvent être décrit par la phrase support en *être*, d'autres phrases-supports sont également possibles (*se trouver, aller*, p.ex.). Cette caractéristique ne semble donc pas présenter suffisamment de généralité pour être définitoire. On peut regretter d'autre part l'absence de traitement systématique de la polysémie verbale : d'une part, les tables proposées présentent sans les différencier des emplois sémantiquement très différents des mêmes lexèmes ; d'autre part, aucun regroupement des divers emplois à l'intérieur d'un même sémantisme verbal n'est proposé.

Sur le plan de l'inventaire, Guillet et Leclère relèvent 805 emplois trivalenciels locatifs, répartis dans quatre ensembles, selon la nature sémantique du Nloc (lieu source ou lieu destination) d'une part, du N1 (humain ou non) de l'autre :

• la classe 38L regroupe des verbes qui acceptent ou exigent un double locatif indiquant le lieu d'origine et le lieu de destination (ex. *transférer quelque chose d'un lieu à un autre*) : 104 emplois

• la classe 38LD : le locatif désigne un lieu de destination (LD = Lieu de Destination) (ex. *poser quelque chose quelque part*) : 276 emplois ;

• la classe 38LS : le locatif est un lieu d'origine (LS = Lieu Source) (ex. *ôter quelque chose de quelque part*) : 198 emplois ;

• la classe 38LH : le complément d'objet direct N_1 est <+humain> (LH) (ex. *vider quelqu'un de quelque part / conduire quelqu'un quelque part.*) : 227 emplois.

2.1.2. La classification syntaxico-sémantique de Dubois & Dubois-Charlier (1997)

La classification proposée par Dubois et Dubois-Charlier dans *Les Verbes Français* (dorénavant *LVF*) repose explicitement sur l'hypothèse d'une adéquation entre syntaxe et sens[1] :

> « Une fois l'inventaire réalisé, on a établi une classification visant à tenir compte de **l'adéquation entre la syntaxe et l'interprétation sémantique**, elle-même représentée par un **schéma syntactico-sémantique**, donné sous la rubrique "opérateur"[…]. (*LVF* : p. V)

Les opérateurs permettent de répartir les verbes en 14 classes génériques, qui s'organisent en 54 classes sémantico-syntaxiques (selon les oppositions "être vivant/non animé" et "propre/figuré (ou métaphorique)") et 248 sous-classes syntaxiques (selon leur schème syntaxique et leur paradigme lexical). Les verbes trivalenciels locatifs ressortissent aux sous-classes transitives des deux classes génériques de déplacement : E ("entrée, sortie") et L ("locatif").

---

1. Cf. Introduction de ce volume (en particulier § 3.5).

Si la classification est détaillée, en particulier en ce qui concerne les relations sémantiques (la relation causative p.ex.) et les sélections lexicales, l'analyse syntaxique reste parfois implicite. Comme le suggère le passage suivant de l'introduction, les auteurs semblent avoir développé davantage l'analyse lexicale que l'analyse proprement syntaxique :

> « *Sortir du peuple* et *guérir d'une maladie* ont en commun la même description des constituants "sujet humain, transitif indirect avec complément en *de* + nom", mais les paradigmes lexicaux sont différents, "groupe social" pour le premier, "maladie" pour le second, ils relèvent de deux schèmes syntaxiques différents. » (*LVF* : p. III)

La différence entre les deux structures proposées ne se situe toutefois pas uniquement sur le plan des paradigmes lexicaux, comme en témoigne la pronominalisation interrogative différente : *sortir d'où* /v/ *guérir de quoi* ? La première structure est donc locative, la deuxième ne l'est pas.

La classification de Dubois et Dubois-Charlier ne présente pas non plus d'analyse polysémique explicite. Les différents emplois d'un même lexème sont toutefois spécifiés par la numérotation des entrées. Les emplois d'un même verbe sont dissociés dès qu'ils ne présentent pas les mêmes *schèmes syntaxiques* (les constituants ne partagent pas les mêmes propriétés sémantico-lexicales). Sur ce principe, deux emplois d'un même verbe peuvent être plus ou moins éloignés (le plus haut degré d'éloignement étant lorsque deux emplois apparaissent dans des classes différentes avec des constructions syntaxiques différentes). Plusieurs structures syntaxiques peuvent aussi être regroupées sous un même numéro dès l'instant où l'une peut être considérée comme la « variante » de l'autre. Il existe plusieurs variations régulières (cf. p. IV) qui n'impliquent pas de changement de schèmes syntaxiques (cf. pour *inscrire* 03, l'objet direct humain de la construction transitive qui devient le sujet du verbe pronominal réfléchi → *On inscrit Pierre à la fac* [T1101] / *Pierre s'inscrit à la fac* [P1001]).

Nous illustrons la classification en prenant pour exemple le verbe *draguer* :

• draguer 01 : *Le marin drague le fond du fleuve.* → Classe R3g (« nettoyer, éponger en ôtant qc, un liquide » avec instrumental intégré dans la forme du verbe), Sens = curer, Construction = T1308.

• draguer 02 : *Les mariniers draguent la voiture du fleuve.* → Classe E3c (« faire sortir qc de lieu » avec instrumental intégré), Sens = sortir de l'eau, Construction = T1308 et P3008

• draguer 03 : *On drague quelqu'un dans le bal. On se fait draguer.* → Classe M1c (« faire mouvement pour prendre qn, un animal » avec objet direct humain), Sens = chasser, Construction = T1100

D'autre part, il semble que l'ordre de la numérotation indique ici une hiérarchie des emplois basée sur un critère historique (l'emploi suivi de « 01 » étant le premier emploi attesté du verbe). Cette hypothèse se vérifie pour le verbe *draguer*.

Les verbes trivalenciels locatifs ne constituant pas une sous-classe spécifique, plusieurs tris successifs ont dû être effectués dans les classes E et L (cf. infra). En suivant la classification des auteurs, la structure concernerait 2 205 emplois[2].

2.1.3. Les classifications lexicales de Dixon (1991) et de Levin (1993)

Sur un plan plus lexical, nous commentons brièvement deux ouvrages de référence sur la classification des verbes anglais : ceux de Dixon (1991) et de Levin (1993). Les deux ouvrages sont dans une large mesure complémentaires : le premier propose une classification originale, sur base syntaxique pour les grandes sous-classes et à partir de traits sémantiques et lexicaux particuliers pour les diverses sous-classes ; Levin part d'une synthèse de la littérature existante sur les diverses classes de verbes, en tenant compte en particulier de l'existence de structures alternatives.

En ce qui concerne les verbes locatifs, Dixon (1991 : 94-102) propose la vaste classe des "verbs of motion and rest" et distingue 12 sous-classes en tenant compte de l'opposition mouvement/repos (7 classes de mouvement, 5 de repos) et de l'opposition transitif/intransitif, tout en donnant une place particulière à la relation transitive causative, qui est considérée comme une alternance régulière et productive pour certaines sous-classes :

"There exists the potential for any verb from RUN or SIT to be used transitively, in a causative sense" (Dixon 1991 : 95)[3]

Pour nos verbes locatifs trivalenciels, Dixon distingue 5 sous-classes représentées par les verbes *take, put, follow, carry* et *throw*. Les critères de classification reposent d'une part sur la sélection de prépositions spécifiques, d'autre part sur les modalités sémantiques du déplacement (Dixon 1991 : 94-113). Dixon ne présente toutefois pas d'inventaire exhaustif de verbes.

Pour Levin (1993 : 22-23), les verbes locatifs trivalenciels se retrouvent dans 6 grands ensembles lexicaux, avec de multiples sous-classes :

a. putting	⟶ 10 sous-classes	d. exerting force : push/pull verbs	
b. removing	⟶ 9 sous-classes	e. hold and keep	⟶ 2 sous-classes
c. sending and carrying	⟶ 5 sous-classes	f. throwing	⟶ 2 sous-classes

---

2. Les tris successifs concernent les structures intransitives et transitives non locatives (cf. infra) : elles ont permis d'éliminer 1295 verbes pour la classe E, 459 pour la classe L.

3. Si cette propriété caractérise l'anglais, elle se vérifie moins systématiquement pour le français.

La sous-classification recouvre en grande partie celle de Dixon tout en étant bien plus détaillée. Elle repose essentiellement sur les types de prépositions acceptées ou refusées, le rapport avec d'aurtres structures alternatives (alternance intransitive, locative) et d'autres particularités de nature sémantique (type de mouvement spatial, directionalité, etc.) (Levin 1993 : 110-148).

En ce qui concerne les sélections prépositionnelles, l'auteur insiste sur l'importance, pour la classification des structures locatives, des prépositions indiquant la source (*from*) et la destination (*to*) : la possibilité ou non de ces prépositions permet en effet d'opposer les verbes de la classe a (**I put the book to Sally ; *I put the book from Erna*) à ceux de la classe c (*Nora sent the book from Paris to London*). L'opposition entre prépositions locatives statiques (*in, on*) et leurs variantes dynamiques (*into, onto*)[4] permet d'autre part d'opposer un verbe comme *put* (*I put the book on (*onto) the table*) à des sous-classes plus spécifiquement directionnelles (*I lifted the book onto (*on) the table*).

2.2. Définition provisoire

En tenant compte des analyses proposées et des exemples observés, nous sommes parties d'une définition stricte de la classe des trivalenciels locatifs, basée sur les quatre critères suivants :

• La distribution particulière N_0 V N_1 Prép N_{2Loc}

• Le remplacement possible de prépN_2 par *où?* /*d'où?*

• La nucléarité du locatif prépN_2

• Le trait sémantique de causativité (paraphrase par *faire que* + V)
N_0 V N_1 Prép N_{2Loc} ~ N_0 *faire que* N_1 *être/aller/se trouver* / *ne plus être…* Prép N_{2Loc}

Le critère de la nucléarité étant délicat à manier et donnant lieu à des gradations diverses, nous nous en sommes essentiellement tenues au trait le plus exigeant : le caractère obligatoire du locatif. Si ce critère est sans aucun doute une condition suffisante de nucléarité (ex.10), il ne constitue toutefois pas une condition nécessaire. Le trait facultatif d'un complément peut en effet être dû soit à un manque de nucléarité (ex.11), soit à une nucléarité maximale (ex. 12) : dans ce dernier cas, le complément est tellement prévisible que son expression devient facultative. C'est en particulier le cas pour les verbes dérivés, présentant une "incorporation" du locatif dans la racine verbale (ex.13). L'expression du locatif ne se présente alors que dans des conditions particulières (spécification du lieu (ex. 14) ou emploi figuré (ex. 15)) :

(10)   J'ai mis mon stylo * [dans ma poche]
(11)   J'ai suivi mon voisin [dans la rue]
(12)   Introduire la clé [dans la serrure]
(13)   Enterrer des oignons de tulipe (PR) (Enterrer ~mettre dans la terre)
(14)   Enterrer qqch dans son jardin
(15)   Il est allé s'enterrer dans ce village (PR)

---

4. Distinction pratiquement inexistante en français.

Excepté l'exemple (11), où le locN sera considéré comme périphérique, tous les autres cas seront considérés comme nucléaires ("ultranucléaires" en quelque sorte). En parcourant les listes de verbes proposées par les divers auteurs, c'est surtout le critère de la nucléarité qui semble poser problème et qui est responsable de grandes divergences dans les inventaires proposés.

3. À LA RECHERCHE D'UN INVENTAIRE ET D'UNE TYPOLOGIE INTÉGRÉS

LVF et l'ouvrage de Guillet & Leclère (1992) constituent une base de données à partir de laquelle il est possible de constituer une liste d'emplois verbaux trivalenciels locatifs. Il est toutefois impossible d'extraire cette liste directement car les emplois qui nous intéressent ne sont pas regroupés. Il est donc nécessaire de mettre au point une méthode de sélection des emplois pour constituer la classe qu'il faudra par la suite organiser en fonction des propriétés sémantiques, syntaxiques et lexicales récurrentes. De manière générale et sauf mention contraire, nous ne ferons pas référence dans cette partie à des « verbes » mais à des « emplois verbaux », que nous désignerons sous le terme « d'entrées » (lexicales) lorsque nous nous baserons sur la numérotation de *LVF*, car un même verbe peut avoir plusieurs emplois au sein même de la construction trivalencielle locative[5] et donc apparaître plusieurs fois.

3.1. L'inventaire

La méthode qui nous a finalement permis d'établir à partir des inventaires existants une liste de 201 emplois locatifs, comporte quatre étapes.

3.1.1. 1re étape : Sélection des classes contenant des emplois verbaux trivalenciels locatifs

Comme nous l'avons signalé plus haut, on retrouve des emplois trivalenciels locatifs dans plusieurs classes aussi bien chez Guillet & Leclère que chez Dubois & Dubois-Charlier.

Le premier tri a consisté à éliminer chez ces derniers auteurs toutes les sous-classes intransitives[6]. Dans un deuxième tri, à partir de la rubrique « construction », tous les emplois transitifs non locatifs ont été éliminés (le code de la construction se termine par « 00 »). Il s'agit de verbes à locatif implicite. Sont notamment éliminés sur cette base :

---

5. C'est notamment le cas de *jeter* (*On jette son manteau sur ses épaules* vs. *On a jeté Pierre du lycée*) et *sortir* (*On sort des amis au restaurant* vs. *On sort un importun de la pièce*).

6. À savoir les sous-classes E1a, E1c, E1d, E1f, E1g, E2a, E2c, E2e, E3a, E3b, E3e, E4a, E4c, E4d, E4f, L1a, L2a, L3a et L4a. Bien que concernant des emplois intransitifs, la sous-classe E3d (*aller qp / près d' / vers / dans un lieu*) a été conservée car elle contient quelques verbes à renversement (*La balle dévie vers la gauche / On dévie la balle vers la gauche*) qui possèdent des emplois trivalenciels locatifs (*On dévie la balle dans le caniveau*).

• Pour la sous-classe E3c (« faire sortir quelque chose d'un lieu » avec locatif en *de*), le sous-type des entrées à locatif implicite (p. 77) est codé « T1300 » (où le 1 représente le sujet <+humain> et le 3 représente l'objet <qqch.>). 15 entrées sont concernées, parmi lesquelles *couper03* et *larguer01* :

(16)   *On coupe les branches mortes* (sous-entendu *de l'arbre*).

(17)   *On largue les amarres* (sous-entendu *du quai*).

• Pour la sous-classe E4b (« faire sortir quelque chose de quelque chose, d'un lieu »), le sous-type 1 avec complément *de soi* implicite (« faire sortir de soi » p. 86) est codé T1300. 11 entrées relèvent de cette sous-classe, parmi lesquelles *bannir04* et *exhumer03* :

(18)   *On bannit toute illusion, cette idée* (sous-entendu *de sa tête*).

(19)   *On exhume des rancunes anciennes* (sous-entendu *de son coeur*)

• Pour la sous-classe L3b (« mettre quelque chose quelque part, dans, sur un lieu, autour de quelque chose »), le sous-type 1 à sujet non animé (p. 163) « mettre quelque chose hors de vue » est codé T3300 / P3006. Il s'agit des entrées *éclipser01*, *occulter03* et *estomper03*, où le locatif "de la vue" est implicitement présent :

(20)   *La lune éclipse, occulte le soleil.*

(21)   *La brume estompe les collines.*

Au terme de ces deux tris, 2 205 entrées ont été retenues (1 141 pour la classe E et 1 064 pour la classe L) et 1 754 ont été éliminées (1 295 pour la classe E et 459 pour la classe L).

3.1.2. 2ᵉ étape : Croisement des deux listes

À ce stade de l'inventaire, les emplois retenus dans chaque ouvrage répondent au moins à deux critères définitionnels sur quatre : la structure N_0 V N_1 Prép $N_{2\,Loc}$ et le sens causatif. Un coup d'œil sur les exemples nous permet toutefois de constater que ces emplois ne mettent pas tous en jeu un complément locatif nucléaire.

(22)   *Max borde Ida dans son lit.* (G&L)

(23)   *Des volets tamisent la lumière sur le mur.* (D & D-C, *tamiser* 02)

La nucléarité étant un critère relativement difficile à tester (cf. supra), nous avons fait le choix pragmatique de croiser les deux listes pour augmenter les chances de conserver les emplois qui présentent un lieu nucléaire. Ce croisement conduit à une réduction considérable de la classe, puisque 2050 emplois ne sont présents que dans une seule des listes (345 pour Guillet & Leclère contre 1705 chez Dubois & Dubois-Charlier) et 460 sont présents dans les deux listes.

3.1.3. 3ᵉ étape : Sélection manuelle

L'étape précédente permet certes de réduire la liste en éliminant les emplois absents de l'un des deux ouvrages mais il reste toujours deux critères qui n'ont pas été testés de manière systématique : la nucléarité du lieu et l'interrogation en *où/d'où*. Les rubriques de Dubois & Dubois-Charlier et les propriétés de Guillet & Leclère associées à chaque classe ne permettent pas de sélectionner les emplois qui répondent à ces deux critères. On doit donc procéder à un tri manuel.

Cette sélection manuelle est délicate. Comme nous l'avons vu, la possibilité de suppression du locatif n'est pas un test permettant systématiquement de déterminer si le lieu est nucléaire ou non. La nucléarité se conçoit de manière graduelle et il est nécessaire d'avoir recours à une étude sémantique pour évaluer la solidité du lien qui unit le verbe et le locatif. De la même manière, la possibilité de l'interrogation en *où* n'exclut pas forcément d'autres types d'interrogation (l'interrogation en « Prép. + *quoi ?* » peut également être admise, notamment dans le cas des localisations métaphoriques). Toutes ces difficultés conduisent à distinguer plusieurs profils :

a) <u>Lieu nucléaire répondant à la question en *où* ?</u>

Pour ces emplois, la présence d'un complément locatif qui répond à la question en *où* est obligatoire. C'est le cas par exemple de *mettre* 01 (*Max met le verre sur la table.* G & L) qui réclame la mention d'un lieu de destination (*la table*). On peut concevoir des cas où le complément locatif ne serait pas mentionné, mais il serait alors obligatoirement induit par le contexte ou la situation de communication.

b) <u>Lieu nucléaire admettant d'autres types d'interrogation que *où* ?</u>

Certains emplois impliquent un lieu nucléaire qui répond mal à *où ?* :

(24)   *L'ouvrier coule l'or dans un moule.* → ? *L'ouvrier coule l'or où ?*

(25)   *On campe son chapeau sur l'oreille.* → ? *On campe son chapeau où ?*

(26)   *On exprime le jus d'un citron.* → ? *On exprime le jus d'où ?*

Dans ces trois exemples, le complément prépositionnel est de nature locative[7] mais répond plus facilement à l'interrogation en « Prép. + *quoi ?* » (*L'ouvrier coule l'or dans quoi ?*, *On campe son chapeau sur quoi ?*, *On exprime le jus de quoi ?*). Ce profil concerne des emplois techniques ou dont le champ d'application est relativement limité ce qui a pour effet : I) une forte restriction de sélection quant à la sous-catégorie sémantique du N_1 et du N_2, II) une préposition de lieu fixe.

(24')   *Couler* 06 : N0<+humain> V N_1<métal> DANS N_2<moule>

(25')   *Camper* 04 : N0<+humain> V N_1<vêtement> SUR N_2<partie du corps>

(26')   *Exprimer* 05 : N0<+humain> V N_1<liquide> DE N_2<contenant un liquide>

On peut alors penser que l'ensemble V + N_1 + Prép. s'est en partie figé. L'interrogation en *où ?* appelant une information sur le type de localisation (*sur, sous, dans, à côté…*), elle devient dans ce cas inutile. Par contre, l'interrogation en « Prép. + *quoi ?* » reprend la préposition et centre la demande d'information sur la nature exacte du N2.

---

7. Les synonymes donnés dans le *Petit Robert électronique* (2001) montrent la nature locative du complément prépositionnel : *Couler* 06 « Jeter dans le moule (une matière en fusion) », *Camper* 04 « Placer, poser (qqch.) avec décision », *Exprimer* 05 « Faire sortir par pression (un liquide) ».

c) « Ultra-nucléarité »

L'ultra-nucléarité concerne des emplois dans lesquels le locatif est déjà présent dans le sémantisme du verbe ou est incorporé à la racine verbale. Il est alors facultatif et, lorsqu'il est mentionné, apporte une précision (cf. François 2004) :

(27)　*On héberge un ami pour la nuit, des réfugiés dans un camp.*
(28)　*On emprisonne un voleur dans une cellule*

d) Lieu non nucléaire mais répondant à la question en *où* ?

Ce sont des emplois pour lesquels le complément prépositionnel, de nature locative, n'entre pas dans la valence du verbe. Il s'agit alors d'un circonstant déplaçable et suppressible. Il est également à noter que, pour ces emplois, le procès n'implique pas de transfert mais une activité qui est globalement localisée au moyen du complément de lieu :

(29)　*On peint un numéro sur la porte.*
(30)　*On promène quelqu'un dans la ville. On promène son chien dans le parc.*

e) Complément N2 nucléaire mais ne répondant pas à la question *où* ?

Ces emplois intègrent bien la structure N_0 V N_1 Prép N_{2Loc} mais le syntagme prépositionnel ne peut être interprété comme un lieu. Il s'agit de localisations abstraites (correspondant aux emplois dits « figurés » dans *LVF*). Nous avons décidé d'éliminer ces emplois car ils illustrent déjà, de notre point de vue, une forme particulière de polysémie et excluent l'interrogation en *où* ? :

(31)　*On jette quelqu'un dans l'embarras.* → **On jette quelqu'un où ?*
(32)　*On implique un ministre dans le scandale.* → **On implique un ministre où ?*

Lors du tri, les emplois correspondant aux profils (a), (b) et (c) ont été retenus et les cas de figure (d) et (e) ont été éliminés. Au terme de cette sélection manuelle, on retient 282 des 460 entrées.

3.1.4. 4ᵉ étape : Sélection des emplois en fonction de la fréquence des verbes

Cette étape a pour seul but de réduire encore la liste avant de procéder à l'étude des mouvements polysémiques. Il est maintenant admis que *la polysémie est en rapport avec la fréquence des unités : plus une unité est fréquente plus elle a de sens différents* (Dubois *et alii*, 1973 : 369). Nous avons donc choisi de retenir les emplois impliquant les verbes les plus fréquents. Les 282 entrées sélectionnées lors de l'étape précédente mettent en jeu 245 verbes qui ont été triés par ordre de fréquence à l'aide de la base de données *Lexique 3*[8]. Il ne s'agit pas ici de la fréquence des verbes dans leur emploi locatif mais de la fréquence « globale » de chaque lemme.

La base de données *Lexique 3* a été réalisée par Boris New, Christophe Pallier, Ludovic Ferrand et Rafael Matos et développée par le Laboratoire de Psychologie Expérimentale (LPE – CNRS, Université Paris 5). Cette base, à destination

---

8. La base *Lexique 3* est librement accessible à l'adresse suivante : www.lexique.org

des psychologues et des psycholinguistes, permet d'obtenir la fréquence d'un lemme par million d'occurrences à partir d'un corpus constitué des sous-titres de 2960 films (18,8 millions de mots) et d'un corpus textuel littéraire constitué des 218 romans publiés entre 1950 et 2000 (14,8 millions de mots) présents dans *Frantext*. La présente recherche a été effectuée à partir du corpus littéraire de *Lexique 3*.

Sur 245 verbes, 5 n'étaient pas représentés dans la base de données :

défourner – dépaqueter – encabaner – encuver – étalager

Les emplois mettant en jeu des verbes ayant une fréquence inférieure à 5 (73 verbes correspondant à 76 emplois) ont été éliminés pour l'étude des mouvements et régularités polysémiques. Il reste alors 201 entrées locatives pour 167 verbes soit, en ordre alphabétique :

abriter 02 – acheminer 02 – afficher 01 – allonger 08 – amener 03 – appeler 03 – appliquer 01 – apporter 01 – appuyer 01 – arracher 01 – asseoir 01 – avancer 01 – aventurer 02 – balader 02 – balancer 05, 06 – balayer 02 – basculer 02 – boucler 03 – bouger 04 – cacher 01 – camper 04 – cantonner 02. – carrer 01 – caser 01, 04 – charger 01, 06 – chasser 08 – clouer 03 – coincer 05 – coller 03, 05 – conduire 01 – confiner 03 – consigner 01, 04 – coucher 02 – couler 06, 13 – débarquer 03 – débarrasser 02 – dégager 02 – délivrer 04 – dépêcher 01 – déplacer 01, 08 – déposer 01, 02, 03 – déranger 05 – dériver 03 – détacher 08 – détourner 02 – dévier 03 – dissimuler 02 – draguer 02 – échouer 01 – effacer 05 – éloigner 02 – embarquer 02 – emboîter 02 – emmener 03 – emporter 02 – emprisonner 01 – encaisser 01 – enfiler 01, 02 – enfoncer 01 – enfouir 01 – engager 05, 06 – enlever 02 – enregistrer 01 – enrouler 01 – ensevelir 02 – enterrer 01, 02 – entonner 01 – entraîner 04 – entrer 15 – envoyer 05 – établir 03 – évacuer 02 – expédier 01 – exprimer 05 – expulser 01 – extirper 02 – extraire 02 – faufiler 01 – ficher 01 – ficher 04 – flanquer 04 – fourrer 01 – foutre 11 – garer 03 – glisser 09 – graver 02 – guider 03 – hasarder 02 – héberger 01 – hisser 02 – importer 02 – incorporer 04 – incruster 02 – infiltrer 01 – inscrire 03, 11 – insinuer 01 – installer 04 – intégrer 01 – introduire 01, 03, 05 – investir 03 – jeter 02, 03, 04, 23 – jucher 02 – lâcher 03 – laisser 02 – lancer 02 – larguer 03 – libérer 02 – loger 04 – masquer 02 – ménager 04 – mener 01 – mettre 01 – monter 03 – mouler 03 – murer 03 – nicher 04 – nommer 06 – ôter 01 – pendre 05 – percher 03 – piquer 08 – placer 01, 13 – planquer 01 – planter 01, 03 – plonger 12 – porter 06 – poser 01, 04, 05, 06 – poster 01, 02 – pousser 03 – précipiter 01 – prendre 20 – projeter 02 – puiser 01 – rabattre 14 – ramener 07 – ranger 04, 06 – rapporter 01 – rayer 05 – recevoir 11 – reconduire 02 – refouler 01 – réintégrer 01 – rejeter 02, 07 – remettre 01 – remonter 10 – rentrer 04 – renverser 02 – renvoyer 07 – répandre 01 – replier 05 – reporter 01 – reposer 02 – repousser 06, 07 – retirer 02 – rouler 03 – secouer 05 – semer 01 – serrer 13 – sortir 25, 28, 29 – soustraire 02 – tirer 10, 11 – traîner 02, 04 – transférer 01 – transporter 01 – tremper 01 – verser 03 – vider 03, 10, 11 – virer 05.

3.2. Les causatifs de déplacement : classes, sous-classes et relations

Nous avons maintenant une classe de 201 emplois trivalenciels locatifs qu'il s'agit d'organiser en sous-classes sémantico-lexicales homogènes. On l'a vu, les emplois trivalenciels locatifs décrivent le déplacement d'un objet ou d'une personne (N_1) d'un Lieu 1 (lieu d'origine) à un Lieu 2 (lieu de destination). Or, tous les emplois n'intègrent pas forcément toutes les étapes de ce déplacement. Les relations antonymiques et inverses permettent également de compléter l'organisation du champ. La fréquence d'emploi, ainsi que la récurrence des exemples proposés pour illustrer les emplois trivalenciels locatifs permettent de repérer quatre hyperonymes[9] pour la classe : METTRE, ENLEVER, TRANSFERER et LAISSER qui présentent l'intérêt de mettre en jeu des localisations de nature différente.

• **METTRE.** L'action de METTRE implique un déplacement d'un lieu d'origine inconnu et non mentionné vers un lieu de destination connu et obligatoirement mentionné.

• **ENLEVER.** L'action d'ENLEVER (complémentaire de METTRE par relation inverse) implique un déplacement d'un lieu d'origine connu, obligatoirement mentionné et introduit par la préposition *de* vers un lieu de destination inconnu et non mentionné.

• **TRANSFERER.** Le cas de TRANSFERER est plus complexe. L'action implique à la fois un lieu d'origine et un lieu de destination connus. Pour autant, un des deux lieux peut être implicite et c'est alors le lieu mentionné qui est « focalisé ».

(33)   *On importe des ordinateurs du Japon.* → lieu d'origine mentionné et focalisé.
(34)   *On avance la chaise vers la table.* → lieu de destination mentionné et focalisé.

Lorsque le lieu d'origine et le lieu de destination sont mentionnés, c'est alors le passage entre les deux lieux qui est focalisé :

(35)   *On transporte des voyageurs de Paris à Marseille.*

La frontière entre les emplois du type TRANSFÉRER et ceux du type METTRE est parfois difficile à tracer ; c'est notamment le cas pour les emplois du type TRANSFERER où le lieu de destination est focalisé (*avancer la chaise vers la table*). La possibilité ou l'impossibilité de restituer le double locatif est un critère formel qui permet en partie d'éviter cet écueil. Les emplois du type METTRE n'acceptent pas cette restitution tandis que ceux du type TRANSFERER s'y prêtent assez bien :

(36)   *Max met le verre sur la table* → **Max met le verre du placard sur la table.*
(34')   *On avance la chaise vers la table* → *On avance la chaise du mur vers la table.*

Les verbes de type TRANSFÉRER ne sont toutefois pas tous des verbes de déplacement à proprement parler : si tous supposent un déplacement de N_1, certains, tels *transporter* dans (35) ou *avancer* dans (34) entraînent également un déplacement de N_0 ; d'autres tels *envoyer*, *jeter* ou *lancer* n'en impliquent pas. Dans ce cas, la restitution du lieu d'origine est souvent difficile :

(37)   *???L'aviateur lâche des bombes de l'avion sur la ville.*

Ces observations conduisent à créer deux sous-classes dans TRANSFÉRER[10] :

---

9. Afin d'éviter les confusions entre les hyperonymes qui sont utilisés comme des étiquettes (ou classifieurs) et les emplois, les hyperonymes seront en petites majuscules.

10. *Transférer* admet les deux emplois : avec déplacement de N_0 (*transférer un prisonnier d'une prison à une autre*), sans déplacement de N_0 (*transférer de l'argent d'un compte à un autre*). Il fonctionne donc parfaitement comme hypéronyme pour l'ensemble de la classe.

f) TRANSPORTER : pour ces emplois, le sujet se déplace avec l'objet et la restitution du double locatif est toujours possible.

g) ENVOYER : le sujet ne se déplace pas avec l'objet et la restitution du double locatif est difficile (voire impossible).

• LAISSER

Afin de prendre en compte les emplois qui dénotent une absence de déplacement de l'objet comme du sujet, il est nécessaire de créer une quatrième classe sous l'étiquette LAISSER (au sens « ne pas transporter quelque chose quelque part »). Cette classe s'oppose aux trois autres par relation d'antonymie et implique un lieu connu et obligatoirement mentionné qui est un lieu d'origine à partir duquel aucun déplacement n'est envisagé.

Tableau 1 : Organisation et caractéristiques des classes sémantico-lexicales.

		Origine	Destination	Déplacement du sujet	Déplacement de l'objet
METTRE		–	+	+	+
ENLEVER		+	–	+	+
TRANSFERER	TRANSPORTER	+	+	+	+
	ENVOYER	(+)	+	–	+
LAISSER		+	–	–	–

Pour obtenir un classement plus fin, il serait pertinent d'étudier dans chaque classe les types de prépositions et de préfixes en jeu, ainsi que les structures alternatives admises. Nous ne rentrerons pas dans les détails ici pour nous concentrer sur l'étude des grands mouvements polysémiques.

En examinant le tableau 2, on constate que certains verbes (tels *balancer, jeter* ou *sortir*) se retrouvent dans plusieurs sous-classes. Ils présentent donc une polysémie interne au déplacement. Notons toutefois que ces verbes sont relativement rares et que les sous-classes distinguées constituent lexicalement des inventaires complémentaires.

3.3. Inventaire de toutes les constructions et tous les emplois des 167 verbes pour repérer les mouvements polysémiques

Il reste à présent à trouver un moyen de repérer les autres classes sémantico-syntaxiques dans lesquelles chaque verbe peut entrer. À partir des données lexicographiques fournies par le *Petit Robert électronique*, les autres emplois et constructions des 167 verbes ont donc été systématiquement listés.

Tableau 2 : Classement des 201 entrées trivalencielles locatives selon les quatre hyperonymes.

METTRE (98 entrées)		abriter 02 – afficher 0I – allonger 08 – appliquer 0I – appuyer 0I – asseoir 0I – aventurer 02 – cacher 0I – camper 04 – carrer 0I – caser 0I, 04 – charger 0I, 06 – coller 03, 05 – consigner 0I – coucher 02 – couler 06, I3 – déposer 0I, 02, 03 – dissimuler 02 – échouer 0I – embarquer 02 – emboîter 02 – emprisonner 0I – encaisser 0I – enfiler 0I, 02 – enfoncer 0I – enfouir 0I – engager 05, 06 – enregistrer 0I – enrouler 0I – ensevelir 02 – enterrer 0I, 02 – entonner 0I – entrer I5 – établir 03 – faufiler 0I – ficher 0I, 04 – flanquer 04 – fourrer 0I – foutre II – garer 03 – graver 02 – hasarder[11] 02 – héberger 0I – incorporer 04 – incruster 02 – infiltrer 0I – inscrire II – insinuer 0I – installer 04 – intégrer 0I – introduire 05 – investir 03 – jeter 02, 03 – jucher 02 – loger 04 – masquer 02[12] – ménager 04 – mettre 0I – mouler 03 – nicher 04 – pendre 05 – percher 03 – piquer 08 – placer 0I, I3 – planquer 0I – planter 0I, 03 – plonger I2 – poser 0I, 04, 05, 06 – poster 0I, 02 – ranger 04, 06 – réintégrer 0I – remettre 0I – rentrer 04 – renverser 02 – répandre 0I – reposer 02 – semer 0I – serrer I3 – tremper 0I – verser 03
ENLEVER (39 entrées)		arracher 0I – balancer 06 – balayer 02 – bouger 04 – chasser 08 – débarquer 03 – débarrasser 02 – dégager 02 – délivrer 04 – déranger 05 – draguer 02 – effacer 05 – éloigner 02 – enlever 02 – évacuer 02 – exprimer 05 – expulser 0I – extirper 02 – extraire 02 – jeter 23 – libérer 02 – ôter 0I – prendre 20 – puiser 0I – rayer 05 – refouler 0I – rejeter 07 – renvoyer 07 – retirer 02 – secouer 05 – sortir 25, 29 – soustraire 02 – tirer I0, II – vider 03, I0, II – virer 05
TRANSFÉRER (55 entrées)	**TRANSPORTER** (35 entrées)	acheminer 02 – amener 03 – appeler 03 – apporter 0I – avancer 0I – balader 02 – balancer 05 – basculer 02 – conduire 0I – déplacer 0I, 08 – dériver 03 – détacher 08 – détourner 02 – dévier 03 – emmener 03 – emporter 02 – entraîner 04 – envoyer 05 – expédier 0I – glisser 09 – guider 03 – hisser 02 – importer 02 – inscrire 03 – introduire 0I, 03 – jeter 04 – lâcher 03 – lancer 02 – larguer 03 – mener 0I – monter 03 – nommer 06 – porter 06 – pousser 03 – précipiter 0I – projeter 02 – rabattre I4 – ramener 07 – rapporter 0I – recevoir II – reconduire 02 – rejeter 02 – remonter I0 – replier 05 – reporter 0I – repousser 06, 07 – rouler 03 – sortir 28 – traîner 02, 04 – transférer 0I – transporter 0I
	ENVOYER (21 entrées)	appeler 03 – apporter 0I – avancer 0I – balader 02 – balancer 05 – basculer 02 – conduire 0I – dépêcher 0I – déplacer 08 – dériver 03 – détacher 08 – détourner 02 – dévier 03 – emmener 03 – emporter 02 – entraîner 04 – envoyer 05 – expédier 0I – glisser 09 – guider 03 – hisser 02 – importer 02 – inscrire 03 – introduire 0I – introduire 03 – jeter 04 – lâcher 03 – lancer 02 – larguer 03 – mener 0I – monter 03 – nommer 06 – porter 06 – pousser 03 – précipiter 0I – projeter 02 – rabattre I4 – ramener 07 – rapporter 0I – recevoir II – reconduire 02 – rejeter 02 – remonter I0 – replier 05
LAISSER (8 entrées)		boucler 03 – cantonner 02 – clouer 03 – coincer 05 – confiner 03 – consigner 04 – laisser 02 – murer 03

11. Exemple : *On hasarde le pied dans la rivière* (sens = « mettre en courant un risque »).

12. Exemple : *On masque la télé dans le buffet* (sens = « cacher / celer »).

4. LES MOUVEMENTS POLYSÉMIQUES

Cette partie du travail concerne l'analyse de la polysémie de nos verbes. Il s'agit de repérer les mouvements polysémiques qui s'accompagnent de différences syntaxiques (donc aussi "polytaxiques") et qui présentent une certaine régularité. Nous ne nous attaquons pas, dans le présent article, à l'épineuse question de la direction des extensions. En l'absence de critères indiscutables, le principe de précaution nous oblige en effet à ne pas nous prononcer sur la direction de la dérivation. Des analyses plus fines de chaque lexème tant sur le plan synchronique que diachronique sont alors nécessaires[13].

4.1. /Déplacement/◄►/Causatif de déplacement/

Un premier ensemble de verbes présente l'alternance intransitif (déplacement) /v/ transitif (causatif de déplacement). C'est le cas des verbes *entrer, rouler* ou *bouger* dans les exemples suivants :

(38)   « Demain j'entrerai dans la cuisine, sous un prétexte quelconque » (Martin du Gard, PR). Entrer des marchandises dans un pays (Académie, PR)

(39)   Nous roulons vers Paris (PR). « Des nurses roulaient dans des voitures vernies des bébés en dentelles » (Chardonne, PR)

(40)   Le blessé ne bouge plus. Bouger un meuble dans un coin

Cette polysémie, qui concerne pas moins de 61 de nos verbes et repose sur l'alternance syntaxique intransitif /v/ transitif et l'opposition sémantique /non causatif/ /v/ /causatif/ n'est pas propre aux verbes locatifs. Elle concerne un vaste ensemble de verbes et se révèle particulièrement productive[14]. Pour certains de nos verbes, en particulier dans le cas d'un mouvement du corps, la structure intransitive se présente sous une variante pronominale (*s'asseoir* /v/ *asseoir*)[15].

4.2. /Causatif de déplacement/◄►/Donation/ ou /causatif d'appartenance/

En alternant la nature lexicale de prépN$_2$ (locatif /v/ datif humain), beaucoup de verbes de /déplacement/ deviennent des verbes de /donation/, comme dans les emplois suivants des verbes *mettre, balancer* ou *apporter* :

(41)   le professeur met une bonne note à Pierre

(42)   il lui a balancé une bonne gifle

(43)   il apporte un café à Pierre

La relation est particulièrement productive, en particulier pour les sous-classes TRANSFÉRER et ENLEVER, mais même *laisser* présente cette polysémie (ex. 44).

---

13. Dans certains cas toutefois, différents indices (fréquence d'emploi, évolution historique) donnent un résultat cohérent : nous nous permettons dans ce cas de présenter dans notre tableau final (tableau 3) des flèches orientées.

14. Cf. la vaste classe des verbes réversifs ou symétriques du type *la branche plie* /v/ *le vent plie la branche*, mais aussi des verbes tels *apprendre* (*apprendre à nager* /v/ *apprendre à qqn à nager*) ou *louer* (*louer un appartement* /v/ *louer un appartement à qqn*).

15. Pour une analyse de l'opposition intr/pronominaux, cf. Bouchard (1995 : 199 sq.).

Elle touche 58 de nos verbes. Dans le cas d'ENLEVER, il s'agit souvent, mais pas toujours (cf. 46), d'une relation antonymique de /privation / :

(44)   laisser une maison à ses enfants (PR)
(45)   arracher de l'argent à un avare (PR)
(46)   le médecin délivre une ordonnance au malade (PR)

Dans plusieurs classifications verbales (cf. Lazard 1994, Goldberg 1995), les trivalenciels locatifs et les verbes de /donation/ sont regroupés dans la vaste classe des verbes de /transfert/. Les deux ensembles présentent toutefois des différences syntaxiques et lexicales importantes, qui nous ont amenées à les traiter comme deux constructions autonomes.

4.3. /Causatifs de déplacement/◄─►/association/

Un certain nombre de verbes, en particulier ceux du type METTRE et ENLEVER (26 au total) s'utilisent également dans une structure nominale d'/association/ (où N_2 répond à la question « Prép. + *quoi ?* » et est de même nature lexicale que N_1). Les deux compléments peuvent parfois permuter et être pronominalisés globalement par *les*[16]. Les emplois suivants des verbes *coller* et *rapporter* illustrent cette polysémie :

(47)   coller un morceau à un autre
(48)   rapporter un événement à une certaine époque (PR)

Les verbes d'/association/ étant également en relation polysémique régulière avec les verbes de /donation/, un réel réseau de relations s'établit entre ces trois classes trivalencielles[17] :

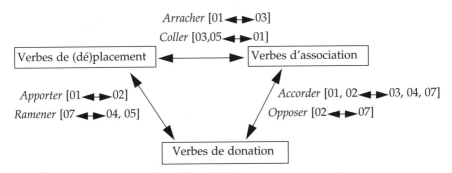

4.4. /Causatif de déplacement/◄─►/dire/

Par le biais d'une complémentation phrastique (N_0 V à N_2 que P_{ind}), certains verbes de /déplacement/ (16 de notre liste) se retrouvent dans la classe des verbes de /dire/ ou contraires (cf. ex. 49 et 50).

(49)   il lui a caché/tu que son fils était parti
(50)   on m'a rapporté que ses affaires allaient mal (PR)

---

16. Pour une analyse détaillée, cf. Willems (1981 : 111 sq.).

17. Les verbes proposés sont accompagnés de leurs numérotations spécifiques dans *LVF*.

Cette classe, particulièrement accueillante, fait également partie d'un réseau, avec un lien étroit avec les verbes de /donation/ (*accorder, assurer, confier, céder* etc.). Pour nos verbes, le passage par la /donation/ semble même obligatoire. Le schéma se présente donc de la manière suivante :

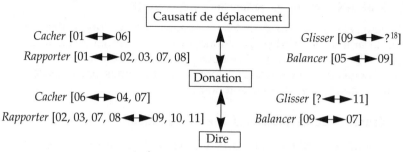

4.5. /Causatif de déplacement/◄─►/ causatif d'action/

Toujours à l'intérieur des structures trivalencielles, la possibilité de s'associer avec un objet infinitif déclenche le sens /causatif d'action/, comme dans :

(51)   on entraîne les ouvriers à faire la grève, on entraîne qqn à faire une erreur

(52)   on envoie Pierre chercher un ami à la gare

Cette construction peut prendre des formes diverses : l'infinitif peut être direct (ex. 52) ou introduit par *à/de*. La structure directe concerne exclusivement un petit ensemble de verbes de déplacement (*mener, conduire, amener, envoyer*). Les structures indirectes, quant à elles, sont plus productives. Un sous-ensemble particulier concerne les verbes de /dire/ qui, par le biais de l'infinitif ou de la proposition complétive au subjonctif, deviennent en grand nombre des /causatifs d'action/ : *dire (hurler, téléphoner, répondre) à qqn de faire qqch*. Il en va de même pour certains de nos verbes locatifs, tel *glisser* dans l'emploi (53) :

(53)   il lui a glissé à l'oreille de déguerpir

Certains verbes, particulièrement polysémiques, parcourent diverses structures. C'est le cas des verbes *balancer, glisser* ou *rapporter* dont nous illustrons ci-dessous quelques possibilités.

En tenant compte du sens probable de la dérivation (déplacement → donation, donation → dire, dire → demande), on obtient de véritables chaînes polysémiques. C'est le cas du verbe *glisser* qui, à côté des emplois en tant que verbe de déplacement intransitif, peut exprimer, dans une structure trivalencielle, un transfert, une donation, un dire ou une demande. D'autres verbes, tels *rapporter* ou *balancer*, ne parcourent que certaines étapes (cf. Willems 2005).

4.6. Tableau d'ensemble

En reprenant l'ensemble des mouvements réguliers, nous obtenons le tableau suivant.

---

18. *LVF* ne présente pas d'entrée spécifique pour le sens de "donation" du verbe *glisser*. Il est attesté dans d'autres dictionnaires.

Tableau 3

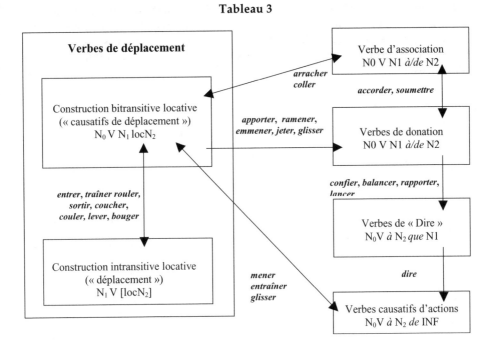

Tableau 4 : verbes particulièrement polysémiques.

Déplacement intransitif	Causatif de déplacement	Donation	Dire	Causatif d'action	Association
Ne te balance pas sur ta chaise	Balancer un objet par la fenêtre	Balancer une gifle à qqn	Ils ont balancé la nouvelle au journal de 20 h		
Glisser sur une peau de banane	Glisser un billet dans une enveloppe	Glisser un billet à quelqu'un	Glisser à qqn qu'il est temps de partir	Glisser à qqn de se taire	
	Rapporter du chocolat de Suisse	Rapporter un livre à qqn	Rapporter à qqn que les affaires font mal		Rapporter un événement à une certaine époque

Pour revenir en fin de parcours au rapport entre syntaxe et sens, il nous semble important de distinguer trois cas de figure : 1. les emplois verbaux qui peuvent être décrits comme des alternances syntaxiques sans impact sur le sens et qui ne mettent pas en cause la monosémie des entrées (cf. les alternances prévues dans l'introduction de LVF du type *Les moustiques pullulent dans le marais /v / le marais pullule de moustiques*) ; 2. les emplois syntaxiques différents présentant des extensions de sens régulières et systématiques, et que nous qualifierions de « polysémiques ». C'est le cas des mouvements analysés ci-dessus ; 3. les emplois syntaxiques différents présentant des différences non systématiques et irrégulières. Nous y verrions, provisoirement du moins, des cas d'homonymie.

Références bibliographiques

BOONS J.-P., 1985, « Préliminaires à la classification des verbes locatifs : les compléments de lieu, leurs critères, leurs valeurs aspectuelles », *Linguisticae Investigationes IX, 2*, 195-267.

BOONS J.-P., 1987, ''La notion sémantique de déplacement dans une classification syntaxique des verbes locatifs'', *Langue Française 76*, 5-40.

BOONS J.-P., GUILLET A. & LECLERE C., 1976, *La structure des phrases simples en français. Constructions intransitives.* Genève-Paris, Droz.

BOUCHARD D., 1995, *The Semantics of Syntax. A minimalist Approach to Grammar*, The University of Chicago Press.

DAVID C., 2004, ''Putting 'putting verbs' to the test of corpora.'' In Aijmer K. & Altenberg B., *Advances in Corpus Linguistics*, Rodopi, Amsterdam, New York, 101-116.

DIXON R., 1991, *A new approach to English grammar. On semantic principles*, Oxford, Clarendon Press.

DUBOIS J., GIACOMO M., GUESPIN L., MARCELLESI C., MARCELLESI J.-B. & MEVEL J.-P., 1994, *Dictionnaire de linguistique et des sciences du langage*, Paris, Larousse.

FRANÇOIS J., 2004, « Prédication verbale et intégration actancielle en français », in *Les constituants prédicatifs et la diversité des langues*, J. François & I. Behr (dir.), *Mémoire de la Société de Linguistique de Paris*, Nouvelle série, Tome XIV, Louvain, Peeters, 221-245.

FRANÇOIS J. & SENECHAL M., à paraître, « Le sémantisme propre des cadres prédicatifs et la polysémie des verbes de production de parole », *Actes du colloque « La prédication »*, 4-6 novembre 2004, Aix en Provence, BFDL.

GOLDBERG, A., 1995, *A Construction Grammar Approach to Argument Structure*, Chicago, The University of Chicago Press.

GUILLET A. & LECLERE C., 1992, *La structure des phrases simples en français 2 : Constructions transitives locatives.* Genève-Paris, Droz.

LAZARD G., 1994, *L'actance*, Paris, PUF.

LEVIN B., 1993, *English verb classes and alternations : a preliminary investigation*, Chicago University of Chicago Press.

SENECHAL M., 2003, *Les verbes et les prépositions : variations de sens et variations de constructions.* Mémoire de DEA, Université de Caen.

VANDELOISE Cl. (éd.), 1987, *L'expression du mouvement*, Langue française 76.

VICTORRI B. et FUCHS C., 1996, *La Polysémie : construction dynamique du sens*, Paris, Hermès.

WILLEMS D., 1981, *Syntaxe, lexique et sémantique. Les constructions verbales.* Publicaties van de Faculteit van de Letteren en Wijsbegeerte, Gent.

WILLEMS D., 2002, « Classes et relations verbales. À la recherche d'une typologie intégrée ». In J. Chuquet & M. Paillard (dir.), *Morphosyntaxe du lexique-I : Catégorisation et mise en discours. Travaux linguistiques du CerLiCO 15.* Presses Universitaires de Rennes.

WILLEMS D., 2006, « Typologie des procès et régularités polysémiques », in D. Bouchard & I. Evrard (dir.), *Représentations du sens II, Travaux de Linguistique*.

Antoinette Balibar-Mrabti
MoDyCo, CNRS et Université Paris X-Nanterre

Phrases simples et exemplification dans *Les Verbes français.* Une réflexion sur *on* comme sujet

I. *LES VERBES FRANÇAIS* EN VERSION PAPIER

La version papier des *Verbes français (LVF)* près de dix ans après sa parution n'a rien perdu de son originalité novatrice. Elle répond à des options de recherche que tout historien de la grammaire et de la linguistique expliquera aisément. Elle est à replacer dans la famille des premiers dictionnaires électroniques du français, issus de la jonction de la linguistique et de l'informatique en grammaires lexicalisées. Initiés dans les années 1970, encore largement pionniers aujourd'hui, ces nouveaux dictionnaires prennent forme dans les deux décennies suivantes (1980-1990) où des lexiques régulés[1] sont pensés en articulation avec les aides documentaires et linguistiques et testés en taille réelle – à l'échelle lexicographique – avec les nouveaux supports électroniques.

Désormais, dans ce type de publications, il ne faut jamais perdre de vue que les choix d'impression eux-mêmes reflètent directement les innovations du contenu qui est publié. Ils correspondent déjà à nos habitudes actuelles de **saisies papier** des consultations et des traitements que nous visualisons sur écran. Les tirages papier ne sont plus le premier mode de lecture et d'inscription, ni pour les textes, ni pour les figures, schémas ou autres graphiques à imprimer. Dès l'origine, les tables syntaxiques de Maurice Gross (1975), première expérience de classement informatisé dans ce domaine, sont des matrices binaires adaptées à des normes informatiques d'utilisation : largeur calculée sur celle des écrans, profils des entrées verbales à lire sur une seule ligne, etc.

---

1. Selon l'expression de J.-C. Chevalier 1998 qui généralise la notion de « lexique-grammaire » introduite par M. Gross, dans un champ historique étendu aux premières grammaires françaises du 16ème siècle.

Placées en situation d'invention, les équipes de grammairiens et d'informaticiens, autour de Jean Dubois, Maurice Gross, Igor Mel'čuk, Morris Salkoff, sont à la source de tout ce que nous désignons comme « traitements automatiques de textes » pour le français. Et ce qui frappe le plus, après trente ans de travaux et de résultats, c'est bien la place faite, en recherche fondamentale autant qu'en linguistique appliquée, à tout ce qui touche de près ou de loin à la confection des dictionnaires, devenus la clé de voûte de notre rapport le plus général à l'imprimé et à l'écrit. Une nouvelle façon de traiter le lexique a été mise en place. Contemporaine des premiers développements de la méta-lexicographie (A. Rey ; S. Delesalle 1979) elle est destinée à marquer en profondeur les dictionnaires usuels, autant dans leur organisation que dans leur mode d'emploi. Loin d'avoir épuisé les possibilités qu'il a ouvertes, ce nouveau regard porté sur le lexique dynamise encore, et pour longtemps, toute l'activité lexicographique, désormais en refondation, comme à l'avènement de l'imprimerie (S. Auroux 1994).

2. L'UTILISATION DU CLITIQUE *ON* : UNE NOUVELLE VISIBILITÉ

C'est cette dynamique, si frappante dans son accélération récente, qui m'intéressera ici, à partir d'un détail que la mise en page du tirage papier rend particulièrement apparent : dès lors qu'il s'agit d'exemplifier systématiquement, en phrases simples, les différents emplois verbaux recensés et classés, il est fait massivement appel au pronom indéfini clitique *on*, comme sujet humain. Donné avec la disposition verticale des exemples, ce choix récurrent se visualise immédiatement : *on* est mis en colonne et se lit comme dans un concordancier de recherche documentaire automatique sur corpus.

On n'est pas inclus dans le métalangage du dictionnaire. Il n'a pas de codage informatique propre. Comme indéfini humain, il est à rapprocher implicitement de la notation, par abréviation, *qn*, notant *quelqu'un*, associée au chiffre 1 dans le micro-système qui code la spécification des places de sujet. Le clitique n'est visible qu'à la périphérie des traitements grammaticaux et informatiques proprement dits. Simple commodité de l'exemplification ? L'effet produit, dans dictionnaire-papier, a quelque chose d'inédit et donne à réfléchir. Quels facteurs, internes aussi bien qu'externes, opèrent derrière cette visibilité ?

Des glissements sont nécessairement à l'œuvre dès lors qu'on donne à voir les règles et leurs illustrations sur un mode un peu différent des habitudes antérieures ou contemporaines. C'est un des aspects les plus complexes de tout bon dictionnaire, bien connu en dictionnairique. Et sur ce point précis, le fonctionnement apparemment anodin du sujet clitique *on* est un révélateur d'imbrications entre données et métalangue. Pourquoi employer *on* si souvent ? Quel est son rôle dans la construction de l'objet-langue par dictionnaire ? Quels avantages à l'intérieur des convergences, devenues cruciales, entre les propriétés syntaxiques et sémantiques et leurs solutions informatiques associées ? En dernière analyse, quelles incidences sur les relations forme-sens ?

C'est la méthode même de *LVF* qui est à la source de la massification des emplois de *on*. Avec au moins un exemple par entrée verbale, un minimum de vingt cinq mille phrases simples est mis en jeu, le clitique étant une solution pour les vingt cinq mille sujets à produire. Observons d'abord une superposition de facteurs, qui pourraient sembler disparates. Je partirai ici d'un fragment de dictionnaire extrait de la classe F1 (J. Dubois ; F. Dubois-Charlier 1997b : 65-71). Des exemples similaires, à partir des extraits reproduits dans ce numéro, s'observent immédiatement. Ils enrichiront la base d'observation de mon analyse.

3. *ON* COMME MOT DE DEUX CARACTÈRES DANS UN CADRAGE PHRASTIQUE MINIMAL ABRÉGÉ

Considérons les exemples suivants :

Classe F1a (passim)

assommer	On a~ son agresseur d'un coup de poing.
avoiner	On a~ P à grands coups de bâtons.
battre	On b~ P, un chien avec un fouet.
castagner	La police c~ P à la manif.
crosser	Un voyou c~ P à la sortie du bal
étriper	On a é~ P à la sortie du bal
knock-outer	Le boxeur k~ son adversaire d'une droite au troisième round
rebattre	Cet homme r~ sa femme.

Les phrases données en illustration des entrées sont cadrées dans un espace typographique de 60 caractères (*LVF*, Introd. : XII). Le clitique monosyllabique *on* est un mot de deux lettres. Il est opératoire pour faire tenir les exemples dans l'espace imparti. Dans les schèmes syntaxiques, il réalise en langue le sujet humain le plus général, comme les noms propres, *Paul/Paulette*, abrégés par la lettre *P*, réalisent l'objet humain en général. C'est en s'expliquant sur la rubrique « phrase » (*LVF*, Introd. : VIII) que les auteurs du dictionnaire commentent leur recours à *on* parmi d'autres procédés.

Un deuxième type d'abréviation est mis en jeu, le procédé du tilde (~) qui s'enchaîne sur la lettre initiale du verbe. Dans la chaîne des caractères, il localise l'insertion, laissée virtuelle, de la forme complète, contenue dans le module de conjugaison. Dans la tradition des exemples forgés de dictionnaires, les formes à restituer[2] sont à la troisième personne de l'indicatif présent et secondairement au passé composé (e.g. *étriper*). Nous l'observons, au coup par coup, dans l'exemplification initiale des opérateurs. Dans le schème de construction F1a « frapper qn, un animal » (1997b, art. cit. : 66), les exemples donnés avec les verbes *rosser, battre* sont :

on rosse Paul, on bat son chien.

Le procédé du tilde ajoute à la commodité d'une simple abréviation une dimension essentielle dans la fonctionnalité de l'exemplification : il laisse ouverte la gamme des ajustements sur corpus. Complémentairement et en contraste, *on*, mot bref et invariable, passe directement dans l'illustration sans abréviation.

Quand les auteurs disent (*LVF*, ibid.) que leurs « phrases simples réalisent en langue les schèmes syntaxiques donnés par les constructions et les opérateurs », il

---

2. Mêmes choix pour les exemples de M. Gross 1975 : 79, note 24 : « Nous ne faisons intervenir ici que deux temps : le présent et le passé composé ».

faut comprendre que dans ce travail d'exemplification systématique, le clitique *on* va de pair avec des conventions, qui nous éloignent, paradoxalement, de la réalité concrète des mots écrits en énoncés. De quelle réalisation s'agit-il alors exactement ? Ces procédés, qui conduisent à des mixtes concret/abstrait[3], diversement présents dans la tradition lexicographique, sont typiques d'un dictionnaire électronique. Indépendamment des calculs, sont indiquées, sous forme simplifiée mais naturelle, deux possibilités différentes de variation, adaptables en contexte. Pour un grammairien, la lettre *P*, comme *N*, renvoie aux habitudes de notation des groupes nominaux, en liste ouverte, dans les classes distributionnelles définies en intension et opposées aux classes fermées qui se définissent en extension.

L'emploi du tilde est d'autant plus naturel qu'il se place à l'intersection de pratiques répandues et compatibles : les listages d'environnements d'items issus des méthodes de la grammaire structurale et distributionnelle ; les tables de concordances en linguistique de corpus, dès lors que sont intégrées, dans les relevés effectués, les variations flexionnelles (cf. INTEX *in* M. Silberztein 1993). En voici deux utilisations similaires dans lesquelles le tilde renvoie à l'ensemble virtuel des formes conjuguées :

Table 36DT
chaparder   *Max ~ mille francs à Luc* (A. Guillet ; C. Leclère 1992 : 264)
chipoter   *On ~ les subventions à Max* (*ibid.*)
Table 32NM
accepter   salle ~100 personnes (C. Leclère 1993 : 30)
compter   livre ~10 chapitres (ibid.)

S'il est vrai que les phrases d'exemples ne sont pas à proprement parler des séquences de langue écrite, puisqu'elles incluent des procédés abstraits de renvois conventionnels à un choix de propriétés sémantiques et grammaticales, l'intérêt qu'elles présentent est manifeste pour peu que soient prises en considération les dimensions didactiques de tout dictionnaire de langue générale. Ces phrases abrégées présentent la particularité d'offrir une continuité intuitive directe avec les exercices scolaires à trous, dans lesquels les points de suspension (…), ou une forme verbale mise entre parenthèses *in situ*, sont des équivalents du tilde. Dans tous les cas, la combinaison des mots est à finir de construire.

Le tilde est habituel dans les dictionnaires *Collins* où il renvoie aux entrées sans flexion. Soit dans un dictionnaire bilingue comme le *Robert & Collins senior français/anglais anglais/français* (2001) les cas suivants :

rosser (p. 814)   se faire ~
battre (p. 86-87)   elle ne bat jamais ses enfants
                        ~ qn comme plâtre
                        ~ à mort

---

3. Cf. A. Balibar-Mrabti 1997, « Synonymie abstraite et synonymie concrète en syntaxe ». Dans un *Larousse* ou un *Robert* monolingue français, les abréviations et le métalangage ne sont mélangés ni aux citations ni aux exemples forgés. Ces mixtes qui font partie également des traditions documentaires se généralisent avec les grammaires locales et les bibliothèques d'automates.

Par « souci d'économie de place » (*op. cit.*), le tilde va de pair avec des procédés d'abréviation métalinguistiques classiques : *quelqu'un* est noté *qn* (e.g. *battre*). Il joue pour abréger les nombreuses expressions idiomatiques et formules figées (e.g. *battre, bâton*) qui ont contribué à la réputation du dictionnaire : à l'entrée *bâton*, la marque du pluriel enchaînée à droite (*des ~s dans les roues*) est remarquable d'efficacité. La réalisation du sujet, au moyen des clitiques *il, elle* (e.g. *battre, bâton*) est plus subtile à juger. Comme anaphoriques, ces pronoms nécessitent des gloses qui entrent en contradiction avec la phrase simple quand elle est pensée comme un énoncé autonome, détachable de toute citation ou contexte. Malgré sa brièveté et son élégance, le procédé tend donc à disparaître des dictionnaires électroniques du français avec des cadrages phrastiques qu'il faut réviser et raffiner autrement. La nouveauté d'emploi de *on* fait partie des solutions de remplacement[4] proposées par *LVF* pour moderniser l'illustration.

Je n'assimilerais pas pour autant complètement l'utilisation de *on* à un procédé pur et simple d'abréviation puisqu'il intervient ici concrètement, en tant que mot, au même titre que les groupes nominaux (e.g. *la police, un voyou le boxeur, cet homme*) explicitant les domaines pragmatiques. Christian Leclère 1993 (e.g. *salle, livre*) teste la suppression du déterminant pour des choix lexicaux, moins théorisés[5] mais similaires, en position sujet, ce qui éloigne davantage le procédé d'exemplification d'un modèle observable de phrases construites et le rapproche d'un stock lexical, là encore à comparer aux exercices élémentaires d'acquisition les plus courants. Comme pour le tilde, le résultat est ambivalent. Une partie de la précision se perd : il faut savoir choisir entre *le/la, ce/cette, un/une*, et leurs interprétations diversifiées : générique, spécifique, anaphorique, déictique. En contre-partie, laisser vacant le choix du déterminant du substantif sujet, c'est prévoir, comme pour l'emploi des temps, des possibilités de réponses sur corpus. L'essor des linguistiques textuelles suffirait à justifier *a posteriori* ces manipulations d'énoncés. *LVF* suggère cette diversité avec des sujets comme ceux que je viens de rappeler, vraisemblables et variés : *la police, un voyou, le boxeur, cet homme*.

On employé en phrase simple déclarative fait partie des habitudes les plus larges et les plus diversifiées de l'exemplification, dans les manuels, dans les dictionnaires, dans les articles spécialisés. La disposition des phrases et leur volume mettent désormais le clitique en vedette, là où, dans d'autres choix de traitement et de mise en page, ses emplois, nombreux mais éparpillés, voire virtuels, au fil des développements ou des rubriques, resteraient non seulement à extraire mais à construire. Notamment dans les exercices, deviner l'emploi du sujet convenable est précisément le travail de l'élève. Lorsqu'un dictionnaire usuel ne donne pour un verbe que sa complémentation (e.g. *rosser, battre* dans le *Robert & Collins*), l'utilisateur doit pouvoir compter sur ses compétences langagières. *On* est opératoire pour l'observation des emplois verbaux **dans un cadrage phrastique minimal**, pensé en

---

4. Remarquons que *he, she* sont plus opératoires que *il, elle* en français puisque *it* représente largement les choses, sans véritable équivalent en français.

5. Ici, comme dans son livre écrit avec A. Guillet (1992, ouv. cit. : 261) les substantifs sont choisis « pour obtenir l'exemple le plus naturel possible et n'ont donc aucune valeur classificatoire ». Ce n'est pas la position de *LVF* qui raffine au contraire les classifieurs et la pragmatique. D'où une exemplification plus détachée des choix impressionnistes et plus ambitieuse dans ses visées normatives.

termes de valence donc **avec sujet exprimé**, où se superposent la norme, l'usage et les contraintes techniques anciennes et nouvelles des supports écrits dont les dictionnaires sont des produits particulièrement élaborés en matière d'abréviations.

4. *ON* GÉNÉRIQUE, SPÉCIFIQUE, ELLIPTIQUE

C'est précisément parmi les travaux de Jean Dubois que se trouvent les points de départ les plus utiles pour évaluer *on* dans la généralité et la diversité de ses emplois dont l'exemplification de *LVF* est un aboutissement, à mi-chemin entre les objectifs pratiques de l'illustration traditionnelle et les exigences de modélisation informatique et linguistique des grammaires lexicalisées. Des rapprochements peuvent être éclairants avec le *Lexis* (1979 : 1278) à l'entrée *on*, ou le *Dictionnaire du français contemporain* (1966 : 792-793). Il n'est pas inintéressant de rappeler que le *DFC* « est avant tout un dictionnaire de phrases » (Avertissement : V). À sa date de parution, en 1966, l'*a priori* de méthode qui fera fusionner la syntaxe et le lexique est déjà posé. Autour des premiers dictionnaires électroniques, une constellation d'ouvrages de grammaire nous délivre leurs conditions de réalisation. Le tome 3 de la *Grammaire du français : la phrase et les transformations* (1969 : 60-62) est à la source des amorces de traitements formels du pronom, en grammaire transformationnelle du français (§ 4.3) chez Maurice Gross (1975) comme chez Gaston Gross (1993). Au centre des expérimentations et des inventions du Laboratoire d'Automatique Documentaire et Linguistique (LADL), des outils d'analyse de plus en plus élaborés en vue des traitements automatiques, des listages de phrases d'exemple de plus en plus exigeants, aboutiront par étapes à des dictionnaires ultérieurs comme *LVF*.

4.1. *On* en emploi générique

Pour les commodités de l'analyse, je rétablirai désormais, s'il y a lieu, la forme conjuguée sous-jacente, le nom propre sous-jacent abrégé *P*. L'emploi de *on* prend place dans des exemples au présent de l'indicatif à valeur omnitemporelle pour énoncer des règles de conduite :

<u>Classe F1a</u> *On claque un enfant dissipé* (=Il faut claquer un enfant dissipé)

constater des comportements habituels en langue familière :

<u>Classe F1a</u> *On poussaille les gens dans le métro*

ou soutenue :

<u>Classe S4a</u> *On glane des idées de ses lectures, de ses conversations*

Dans tous ces exemples, *on* comme **agent anonyme** entre dans une phrase générique qu'il permet de construire[6].

L'exemple avec *glaner* met en concurrence deux fonctionnements du déterminant possessif *ses* à interpréter comme réfléchi, reprenant *on* générique, ou comme

---

6. Proches de la parole proverbiale, ces exemples ne relèvent pas des discours ON-sentencieux (J.-C. Anscombre 2000). La combinaison : <*comme on dit*> on n'attrape pas les mouches avec du vinaigre / *comme on fait son lit on se couche* est interdite : <**Comme on dit*> on claque un enfant …/ on glane des idées de ses lectures.

non réfléchi renvoyant à une personne différente du sujet. Deux types d'interprétation qui ne remettent pas nécessairement en cause le sens générique de la phrase mais qui nécessitent, pour être clarifiés, la recherche d'énoncés préalables et/ou de contextes d'énonciation que la méthode d'exemplification en phrase simple renvoie au **virtuel** et/ou au **tacite**. Cette question n'est pas fortuite. Elle traverse tous les emplois de *on*. Nous la retrouverons dans le § 4. pris dans son ensemble.

Dans cet exemple[7], emblématique des multifonctions que doit suggérer tout bon dictionnaire, le complément *de ses lectures* aurait pu suffire. Considéré isolément, il s'interprète spontanément dans le seul cadre de la phrase, avec *ses* réfléchi. Pourquoi ajouter un deuxième complément au risque de brouiller l'efficacité intuitive de l'illustration pour le schème de construction considéré ? Tout grammairien sait que la phrase simple, hors texte ou situation, est inadaptée à l'observation des mécanismes anaphoriques ou déictiques. Faudrait-il pour autant les exclure (comme *il, elle*), dès lors qu'ils entrent naturellement dans la réalisation des complémentations verbales ? *A contrario* ils sont l'occasion d'un travail de réflexion sur la phrase de dictionnaire et son arbitraire.

La phrase simple est un exemple forgé ou la reformulation de citations dont les exemples forgés sont eux-mêmes largement issus. Trouver les bonnes citations serait inutilement laborieux. Trop hétérogène, la citation est donc abandonnée. Il en résulte un gain en lisibilité des formes syntaxiques. Mais la perte de tout renvoi explicite aux contextes nécessite la recréation de facteurs multiples pour la construction du sens dont il faut réinventer les conventions. Il est clair que la juxtaposition complexe des deux compléments *de ses lectures, de ses conversations* fait partie des compromis lexicographiques modernes qui maintiennent les rapports au discours. C'est bien toute la question du pronom *on* considéré comme omnipersonnel (§ 4.4.). Techniquement en syntaxe contemporaine, les paraphrases et leurs réductions – je vais en donner un exemple – sont des solutions pour justifier l'autonomie relative des phrases simples.

L'utilisateur du dictionnaire s'interrogera non seulement sur des ambiguïtés structurelles et lexicales fondamentales mais aussi sur les moyens de les lever. Dans la tradition philosophique et philologique en grammaire, *ses* est amphibologique. Les amphibologies[8] font l'objet d'exercices systématiques, dans notre héritage d'exercices scolaires franco-latins. Je renvoie sur ce point à la *Méthode de langue latine pour la Traduction des Textes* (1910) de Félix Gaffiot. L'exemple de *LVF* recueille cet héritage. Il reconduit en didactique contemporaine un style de phrases forgées pour s'exercer aux levées d'ambiguïtés en version et thème latins. *Ses* réfléchi ne sera pas exprimé. *Ses* non réfléchi, de préférence anaphorique plutôt que déictique, en mot à mot : *de lui, d'elle*, sera traduit *eius* à partir

---

7. Le verbe *glaner* et son exemplification sont à replacer dans la série des *Larousse* et des *Robert* qui nous donne les étapes des reformulations d'énoncés aboutissant à la phrase simple systématique (A. Balibar-Mrabti 2002).

8. En linguistique contemporaine on ne dit plus qu'une phrase, ou un énoncé, sont *amphibologiques*, on ne parle plus d'*amphibologies* mais les questions soulevées, avec les termes *ambigu, ambiguïté*, sont du même ordre (C. Fuchs 1996).

de la gamme des pronoms anaphoriques et déictiques du système latin. Avec la méthode des verbes supports (M. Gross 1981), la levée d'ambiguïté est interne à la langue. Elle fait jouer une relative enchâssée en *faire, avoir*, dont le déterminant possessif est la réduction :

> On glane des idées des lectures qu'on fait
> On glane des idées des conversations qu'on a avec lui (lui = Luc ≠ on)

4.2. *On* en emploi spécifique

4.2.1. Une ou plusieurs personnes qui ne sont pas connues

Il existe beaucoup d'exemples au présent et au passé composé de l'indicatif pour lesquels la phrase simple avec *on* pourrait prendre place dans un contexte de narration-description. Le contenu de la phrase est dénotatif (états, individus, événements, choses, etc.), *on* renvoyant à une ou des personnes qui ne sont pas spécifiées. Les moyens sont multiples. Je me limiterai aux exemples d'emploi suivants :

> <u>Classe F1a</u> : *On bourre Paul de coups à la sortie du bal*
> *On a étourdi Paul d'un coup de poing*
> <u>Classe E3f</u> : *On monte les bagages dans la chambre, au grenier*

et je relèverai : l'objet humain spécifié par *Paul* (e.g. *bourrer, étourdir*) ou l'inanimé défini *les bagages* ; la localisation spatiale et/ou temporelle (e.g. *à la sortie du bal / dans la chambre, au grenier*) avec des groupes nominaux définis, l'emploi des articles *<la sortie de>le <bal>, la <chambre>, <à> le <grenier>* relevant, comme pour *les* dans *les bagages,* d'une interprétation déictique ou anaphorique, laissée au choix du lecteur ; le déterminant indéfini *<de >un coup de <poing>* renforçant pour le passé composé une interprétation résultative ponctuelle et semelfactive.

Dans les trois cas, l'interprétation, constat en récit ou descriptif *hic et nunc*, est dirigée vers un contenu d'information qui n'est pas généralisable à d'autres situations. Il n'est pas donné explicitement comme habituel ou répétitif.

Que dire ici de l'actant *on* ? Je le mettrai en relation avec l'emploi du *DFC* comme du *Lexis* classé (1) :

> *on* remplace ou désigne un être humain non précisé au singulier ou au pluriel.
> *On a frappé à la porte* (= Quelqu'un a frappé à la porte)

Nous pourrons poser :

> *On a étourdi Paul d'un coup de poing* (= Quelqu'un a étourdi Paul d'un coup de poing)
> *On bourre Paul de coups à la sortie du bal* (= Des gens bourrent Paul de coups à la sortie du bal)

L'indéfini *quelqu'un*, utile pour représenter un actant humain sans distinction de fonction sujet ou complément, et fonctionnant comme indicateur de singularité indéterminée (M. Riegel, *et al.*, 1994 : 212) est une abstraction du métalangage, pour représenter l'indéfini pluriel, qui se réalise avec *les gens, des gens, les personnes, des personnes.*

4.2.2. Une ou plusieurs personnes qui sont connues

Mais *on* dans ce type de phrases théoriques est fondamentalement ambigu. Il peut tout aussi bien désigner une ou des personnes qui sont spécifiées et correspondre à l'emploi classé (3) dans le *Lexis* et le *DFC* :

[il] peut désigner des personnes dont l'existence est connue comme réelle mais dont l'identité n'est pas indiquée, soit par ignorance, soit par indifférence.

Comme pour le possessif (§ 4.1), mais davantage encore ici, comparer la grammaire française et la grammaire latine est instructif. La distinction d'emplois entre (1) et (3), habituelle en latin, langue qui dispose des pronoms indéfinis *quis, aliquis, quidam* pour traduire *quelqu'un*, n'est pas grammaticalisée en français contemporain. D'où des possibilités d'analyse en grammaire comparée traditionnelle en vue de lever ces ambiguïtés.

Avec la disparition du thème latin, qui lui apportait une base implicite, la métalangue explicite directement en français sous forme de commentaire les nuances de l'interprétation condensées sur le seul pronom *on*. Martin Riegel (*et al.*, 1994, ouv. cité : 197) résume le sens de *on* ainsi :

Sa valeur de base est celle d'un pronom indéfini renvoyant à une personne ou à un ensemble de personnes d'extension variable, que le locuteur ne peut ou ne veut pas identifier de façon précise [...] Cette indétermination le rend apte à fonctionner comme substitut de tous les autres pronoms personnels en rejetant leur référent dans l'anonymat.

Voici comment Gaston Cayrou (1939 : 41-42) met en équivalence la phrase française *Quelqu'un est venu* avec les traductions latines univoques :

Venit quis,	**Aliquis venit,**	**Quidam venit,**
Quelqu'un est venu	Quelqu'un est venu	Quelqu'un est venu
(c.-à-d. : supposons que quelqu'un soit venu).	(que je ne peux nommer)	(que je peux nommer).

L'originalité de *LVF* est de transférer sur le pronom *on* en utilisation spécifique une possibilité systématique d'interprétation de type *quidam* clairement circonscrite, dans les termes que j'ai soulignés, aussi bien dans le *Lexis* que dans la *Grammaire Méthodique*, mais illustrée traditionnellement à partir du latin par des traductions qui limitent les possibilités d'équivalence en français au seul pronom indéfini *quelqu'un*. Or le clitique indéfini *on* dans *LVF* est précisément donné dans le dictionnaire électronique comme procédé systématique de réalisation du sujet humain *quelqu'un* en phrase théorique d'exemplification des schèmes de base : la phrase *On est venu* devient un équivalent, à privilégier en corpus phrastique, de l'exemple définitionnel classique *Quelqu'un est venu*.

Par son caractère inédit, la fréquence d'emploi du clitique dans le corpus phrastique du dictionnaire, qui fonctionne comme une phraséologie modernisée, produit un effet contradictoire. Ces phrases lues en dehors de tout contexte explicite pourraient sembler artificielles et à ranger, en tant que telles, dans la catégorie des exemples définitionnels forcés[9]. À l'inverse

---

9. Pour A. Guillet ; C. Leclère 1992 : 260, « il n'a pas été tenté d'améliorer les phrases définitionnelles par des procédés stylistiques. De cette manière, le lecteur sera mieux à même d'apprécier les emplois entièrement naturels de ceux qui ont été forcés ».

n'instaureraient-elles pas, par leur fréquence sur corpus, un type de naturel, pour *on* en phrase théorique, moderne donc nouveau ?

Ce naturel coïncide avec des emplois de langue ordinaire[10] dont le rejet puriste comme trop familier à l'écrit est en perte de vitesse. Il a été préparé par des dialogues pédagogiques élémentaires[11] :

L'interrogation directe

On frappe à la porte → Qui est-ce qui frappe à la porte ? / Qui frappe à la porte ?– On joue au loup → ...

qui conduisent à poser :

On frappe à la porte (= Quelqu'un qui s'appelle Max, Luc, ..., frappe à la porte)

Pour *bourrer*, *étourdir*, parmi les possibilités d'analyse, dont il faut affiner la métalangue de description, il y aura :

On a étourdi Paul d'un coup de poing (= Quelqu'un qui s'appelle, que j'appelle, Max... a étourdi Paul d'un coup de poing)

Les possibilités de la spécification sont toutes construites autour d'au moins une personne identifiée par un nom propre connu du locuteur-scripteur : *quelqu'un que j'appelle Max, Luc...* De plus, en phrase théorique de dictionnaire et d'exercice scolaire, il est naturel d'envisager la possibilité d'un locuteur-scripteur posé comme omniscient. La spécification est alors du type : *quelqu'un qui s'appelle Max, Luc...*, une commodité pour regrouper des interprétations également possibles en dialogue, notamment scolaire, du type :

On monte les bagages dans la chambre, au grenier
(=Quelqu'un qui s'appelle Max, Luc... et moi, nous montons, nous allons monter, les bagages ...)

J'appellerai *on-quidam* (cf. D Malrieu 2006) ces emplois de *on* spécifié par un nom propre de type *Paul, Max, Luc* qui mettent à contribution les personnes du dialogue *je, tu*. Le théâtre offre des situations codifiées de ce type, notamment en langue soutenue :

<u>Andromaque</u> (dernier vers) <*Tout est prêt : > on m'attend. <Ne suivez point mes pas.>*

Sous-jacentes à l'acte de nommer les individus par leur nom, pour les identifier, des questions cruciales sur les rapports anaphore / deixis sont à approfondir. Notre « nom propre » nous est « personnel ».

4.3. *On* et l'ellipse de l'agent humain

On apparaît dans les traitements formels par synonymies syntaxiques, initiés avec la grammaire générative et transformationnelle des années 1960-1970.

---

10. Au sens de F. Gadet 1989, c'est-à-dire d'une compétence orale et écrite. Aux expressions figées « familières » et « populaires », s'ajoute en lexicographie contemporaine un lexique de plus en plus étendu, aux connotations voisines, en phrases libres. Ici : *avoiner, castagner, crosser, poussailler*, etc.

11. E. Genouvriez, C. Gruwez 1972. *Français et exercices structuraux au c.e.1*, Larousse : Paris : 211.

Rapprocher et lister des phrases, mises en équivalence, le plus souvent deux à deux (e.g. *ses* § 4.1), est devenu une méthode classique, en sémantique comme en syntaxe, qui traverse les écoles et les formalismes. Elle est centrale dans la classification de *LVF* (cf. aussi J. Dubois & F. Dubois-Charlier 1997b). Considérons les phrases représentatives suivantes. Elles se présentent par paires :

Restructuration de l'instrumental en sujet

On ennuie Paul avec nos histoires, nos histoires ennuient Paul (LVF, Introd. : IV 1997a et 1997b : 53)

On a recouvert la table d'une nappe, une nappe recouvre la table (N2 V N1, C Leclère 2002 : 32, table 37M)

Passif en *se*

On enrichit la langue de mots nouveaux, la langue s'enrichit de mots nouveaux (LVF, ibid.)

La porte s'ouvre (*par quelqu'un) = on ouvre la porte (J.-P. Desclés et Z. Guentcheva 1993 : 93)

Passif sans agent

Paul a été dénoncé, on a dénoncé Paul (G. Gross 1993 : 112)

Pour les verbes *ennuyer, recouvrir, enrichir,* le sujet *on* est montré comme faisant partie du matériel grammatical effaçable. Les opérations d'effacement réinterprètent l'ellipse. Indifféremment en théorie, le clitique peut s'analyser par addition à une phrase source. Cette solution, peu suivie, joue souvent comme une commodité d'exposition théorique ou pédagogique. Elle s'observe ici pour le sujet des verbes *ouvrir, dénoncer.*

De telles phrases[12] restent fondamentales aujourd'hui, à plus forte raison dans une réflexion sur l'exemplification. Pour le détail des argumentations, je renverrai aux articles cités et me limiterai à un exemple supplémentaire de Maurice Gross intégré à son système de réduction des complétives en français qui privilégie l'ellipse sur l'addition. Voici une amorce de traitement visant à incorporer *on* dans des règles formelles d'effacement. Soit la règle initiale (M. Gross 1975 : 74) :

Qu'on V Ω $\longrightarrow$ V Ω

sans condition de contexte (i.e. de coréférence) pour *on* ; une telle règle serait nouvelle et indépendante des autres réductions qui, elles, mettent en jeu un pronom coréférent au sujet ou à un complément du verbe principal.

Elle permettrait de rendre compte de la paire *Paul dit de travailler / Paul dit qu'on travaille.* D'où une solution plus élaborée qui place *on* en position de complément et ensuite l'efface : *Paul dit de travailler / * Paul dit Qu P à on (N2 = on). Paul empêche de travailler / * Paul empêche on de V Ω (N1 = on).*

Sous certaines conditions, laissées à l'intuition du locuteur-récepteur, le sens « indéfini », générique ou spécifique, du pronom sujet, interprété comme « agent humain », est « approprié », donc récupérable. *On* appartient alors au

---

12. Initiées par J. Dubois 1969 qui est un des premiers à tester des traitements métalinguistiques pour *on* dans le cadre des synonymies syntaxiques.

matériel « vide » qui sous-tend le principe d'invariance morphémique des transformations paraphrastiques en jeu (M. Gross, *ibid.* : 27-30)[13].

4.4. Valeurs omnipersonnelles de *on*, classification des verbes en grammaire lexicalisée

Le pronom personnel *nous* fait partie des équivalents de *on* en français. Une des interprétations pour *monter* (§ 4.2.2) l'avait suggéré. Du français à l'anglais Christian Leclère (2002, *ibid.*) traduit *on* par *we* dans son exemple avec *couvrir* :

On a recouvert la table d'une nappe, une nappe recouvre la table
We covered the table with a tablecloth / A tablecloth covers the table

Une abondante littérature a montré que la restructuration de l'instrumental en sujet appartient aux deux langues. La traduction de *on* par *we* présente l'intérêt, comme les rapprochements français-latin précédents, de conduire à s'interroger sur les interprétations sélectionnées. Ici, je renverrai préférentiellement à l'ouvrage de Morris Salkoff (1999, 3.32 *On* : 153-154) qui est précisément un manuel de traduction du français en anglais, dans une visée de grammaire électronique lexicalisée.

L'ouvrage recommande pour des exemples similaires de traduire l'indéfini singulier par *someone* et l'indéfini pluriel non pas par *we* mais par *they* :

When *on* is the subject of action verbs taking an object *N1, Prep N2, or Prep N2*, then it can be translated as *someone* or *they* :

On a téléphoné hier —> *(Someone + They) telephoned yesterday*

la traduction par *we* étant plutôt dévolue, comme l'emploi du *nous* en français, aux écrits scientifiques :

On considère que X est le.. —> *We consider that X is the..*

Les verbes d'opinion ou de parole, définis syntaxiquement par leur complétive objet, forment, en anglais comme en français, une classe d'emplois verbaux que les grammairiens particularisent. Et précisément ici le sujet *people* offre un équivalent de *on* plus opératoire qu'ailleurs :

With verbs taking complement clauses as object, *on* should be translated as *people* : *On (dit + dirait + prétend + pense) que Ph* —> *People (say + would say + claim + think) that S*

Le système à quatre termes, *people, someone, they, we*, de l'anglais contemporain correspond pour trois des termes aux termes similaires *les gens, quelqu'un, nous* qui sont précisément mis en jeu avec *on* dans le système d'interprétation du cli-

---

13. La répétition des mêmes phrases va à l'appui de ces mécanismes intuitifs d'interprétation sémantique qu'elle peut faciliter mais aussi à l'inverse complexifier. C'est une étude à part entière qui ne sera pas détaillée ici. Je me limiterai à signaler que les exemples de Desclés et Guentcheva sont des « exemples d'école » présents chez Gaffiot 1910, Passif, § 258. Traductions amphibologiques : 73, qui traduit **porta aperitur** par *la porte est ouverte* et recommande de lever l'amphibologie en tournant par l'actif *on ouvre la porte*, et le cas échéant par le réfléchi *la porte s'ouvre*, qui « n'est souvent pas autre chose qu'un passif ».

tique en tant qu'indéfini générique ou spécifique, propre au français. Si *ils / they* est plutôt à éviter en français, en parallèle, *on* fait défaut en anglais. Cependant les correspondances terme à terme restent à étudier plus en détail. Par exemple, le sujet *les gens* ne correspond pas de façon stricte à *people*. Le type ON–*quidam* n'étant d'ailleurs pas indiqué explicitement, à la différence du *Lexis* ou de la *Grammaire méthodique*, ni *a fortiori* ses problèmes de traduction.

Tout traducteur connaît la difficulté de conserver un sens initial et la nécessité des **approximations**. Une solution classique est la recherche des **traductions *passe-partout*** dont Maurice Salkoff (*op. cit.* § 1231) raffine les fonctionnalités en grammaires lexicalisées. Elles sont inhérentes au travail de traduction. Il n'y a pas de solutions rigides. Les règles qui convertissent les phrases françaises en phrases anglaises sont des recommandations dont j'ai souligné les nuances : it can be translated…, *on* should be translated…

Quand Christian Leclère choisit *We <covered ..>* de préférence à *They <covered..>*, c'est parce que l'indéfini en emploi spécifique peut déjà ici s'interpréter en français avec le pronom de dialogue *nous* (§ 4.2.2., e.g. *monter : on monte, nous montons…*) avant même d'avoir abordé la question des traductions satisfaisantes du français vers l'anglais. La traduction par *we* est la solution la plus naturelle, dans la tradition des traductions *passe-partout*. Elle prime sur la recommandation de traduire par *they*. Cette équivalence d'un *we/nous* de dialogue favorise une analogie structurelle entre les deux langues qui privilégie les marqueurs déictiques.

Sachant que les phrases de dictionnaires et de manuels d'exercices scolaires sont avant tout des phrases théoriques, le *we/nous* commun aux deux langues peut être vu comme un cas particulier d'emploi en discours scientifique dont le discours didactique relève en dernière analyse. Sous cet angle, il garde une dimension d'interprétation générique. Là encore, la tradition du thème et de la version latine est riche d'enseignements sur *on* en dialogue. Félix Gaffiot (1910, ouv. cit. : 73) écrit avec un charme début de siècle contemporain du *Cours* de Ferdinand de Saussure :

> Les Latins aiment bien se figurer un interlocuteur auquel ils adressent la parole. Il vous sera facile, dans un passage donné, de voir si le tutoiement est indéterminé (équivalent de *on*) ou s'il s'applique à un interlocuteur réel.

Le même emploi est transposable en anglais (*Robert & Collins senior*, ouv. cit. : 615-616) :

> **On** (*indéf=celui qui parle*) […] **on ne pense jamais à tout** you can't think of everything, **on ne lui donnerait pas 70 ans** you wouldn't think she was 70) […]

En français contemporain, ce sont surtout les ambiguïtés *on/nous* qui permettent de saisir immédiatement les multifonctions du clitique en tant que **pronom omnipersonnel** (M. Wilmet 1997, § 344 : 273-274), remplaçant *je, tu* et, à travers *nous* et *vous, il(s), elle(s)*. De ce point de vue, les marqueurs de coréférence avec le sujet que sont les pronoms et les déterminants réfléchis sont des outils bien connus de l'analyse dès qu'on cherche à sérier les ambiguïtés et les moyens de les lever. J'y ai fait allusion avec *glaner* (§ 4.1). Le renvoi à *nous* devient explicite avec le possessif *nos* (e.g. *ennuyer* § 4.3). Utiliser systématiquement *on*, en lexicographie, revient à éviter d'exclure les analyses déictiques. C'est aussi se placer de façon souple dans un contexte discursif d'ensemble, dont la phrase forgée de dictionnaire s'autonomise, par *a priori* de méthode, en syntaxe. Dans une étape moderne d'essor de la macrosyntaxe et de refonte de la philologie en « linguistique des textes », ce fonctionnement est d'autant plus intéressant à revisiter.

5. DU *BESCHERELLE* AUX *VERBES FRANÇAIS*

LVF est, pour ses auteurs, un dictionnaire. Sur support électronique, il intègre la conjugaison automatique qu'il applique à sa base lexicale de douze mille verbes simples du français contemporain. Un programme de génération automatique de formes, conjuguées et fléchies, a été réalisé au LADL par Blandine Courtois dès 1985. Appliqué aux mots simples du français, entré avec des codes morphologiques dans le dictionnaire électronique DELAS, le programme calcule toutes les formes de chaque mot et après un tri donne le dictionnaire électronique de formes DELAF[14]. Un tel traitement de la flexion verbale s'apparente directement, par sa visée d'exhaustivité sur le lexique, aux dictionnaires *Bescherelle* régulièrement mis à jour[15]. Au XIXe siècle, « l'art de conjuguer » avait sa place naturelle dans un apprentissage de l'orthographe survalorisé au regard des périodes antérieures comme de la nôtre. Considéré comme moyen d'accéder à une maîtrise élémentaire des « arts d'écrire et de penser » au moment de la scolarisation généralisée, cet apprentissage, ou ce savoir-faire, autorisait des bricolages (A. Chervel 1977). Dans ce contexte, le terme « art » renvoyait à des techniques, comme dans l'expression « arts et métiers » ; il renvoyait indirectement, à l'intérieur d'une hiérarchie, à des disciplines d'enseignement supérieur, les « arts libéraux », l'enseignement des « beaux-arts », créé dans la même période.

Dans *LVF*, avec la rubrique « conjugaison », tout ce qui était contenu dans « l'art de conjuguer » est reconduit mais se trouve calculé, avec l'informatique, en fonction des relations entre la phrase et des groupes nominaux, en *–tion*, *–age*, etc., analysés eux-mêmes à partir de la phrase donc de la syntaxe. Dans l'architecture d'ensemble du dictionnaire, les « entrées morphologiques » de verbes, comme mots simples fléchis, sont réinterprétées comme un composant flexionnel parmi d'autres composants, morphologique (les dérivations), syntactico-sémantique (les schèmes et leurs ramifications hiérarchisées par degrés de synonymies syntaxiques). À la différence d'un nouveau *Bescherelle*, les verbes, comme mots fléchis, perdent alors de leur visibilité immédiate, dans l'ouvrage consulté, notamment en version papier, car son mode de systématisation et les

---

14. Le **DELAS** est le Dictionnaire Électronique du **LADL** de mots Simples. Le **DELAF** est le Dictionnaire Électronique du **LADL** de Formes Fléchies. Cf. B. Courtois et M. Silberztein 1990.

15. M. Arrivé, *et al.*, 1999-2005, *Le nouveau Bescherelle*, Paris : Hatier, consultable sur site internet.

codages électroniques explicites qu'il présente permettent de réaliser un dictionnaire non de verbes mais d'emplois verbaux.

En didactique des langues, continuer à raisonner en termes d'« arts », en souvenir des premiers manuels d'orthographe, peut sembler dépassé, les correcteurs orthographiques – déjà largement opératoires en orthographe d'usage – étant destinés à faire sombrer tôt ou tard dans l'oubli l'art de conjuguer par cœur, comme ont sombré les récitations des tables de multiplication. Et pourtant les grammairiens-informaticiens qui modernisent précisément les descriptions des langues, et les disciplines appliquées qui s'y rattachent, persistent paradoxalement à qualifier eux-mêmes les étapes de leurs travaux d'« états de l'art ». Ne serait-il pas dans ces conditions particulièrement porteur de sens – à réévaluer et à redéfinir – de considérer que nous disposons ici d'un « art d'employer les verbes en phrases simples » ? L'exigence de correction s'est recentrée sur la morpho-syntaxe et sur les emplois corrects des termes synonymes en environnement phrastique. Avec ce recentrement, contemporain du développement des aides documentaires et linguistiques, la mémoire est appelée à s'exercer et à s'appliquer autrement. Le clitique *on*, à la différence d'un pronom de conjugaison du *Bescherelle* comme *il*, se donne à voir d'abord comme un **pronom d'emploi des verbes en phrases simples**. Une petite grammaire élémentaire [16], après une leçon entièrement consacrée au sujet *on* comme clitique sujet en phrase simple, s'inscrit clairement dans ces choix méthodologiques de fusion de la morphologie flexionnelle avec la syntaxe, en réunissant systématiquement dans ses tableaux de conjugaison la liste de pronoms de troisième personne du singulier : *il, elle, on*.

Apprendre d'abord à prévenir, dans un texte qu'il s'agit de rédiger, les fautes de construction et les équivoques, solécismes et amphibologies de la tradition, savoir ensuite se relire pour se corriger, est devenu l'essentiel, au carrefour de méthodes jugées anciennes ou nouvelles en fonction de l'informatique. *LVF* est un manuel étudié pour cela. Il propose bien une étape, élémentaire, de morphologie et de syntaxe, tournée vers un « art d'écrire », que les phrases d'exemple permettent de suggérer, dans une fonction, classique en lexicographie, d'imitation inventive, largement laissée à l'intuition de l'utilisateur. Le **jeu des exemples**, selon l'expression de Jean-Claude Chevalier, permet de circonscrire une fonction de l'illustration des règles qui rejoint les analyses d'Alain Rey (1990) à propos de la définition en lexicographie. Ni tout à fait théorique ni tout à fait pratique, cette fonction suggère des partages (complémentarités ? oppositions ? zones de flou ? autres ?) entre norme et usage. Elle sert à produire simultanément les règles et leurs mises en œuvre envisagées au cas par cas, ce point de vue casuistique n'ayant rien à voir avec une étude d'exceptions (à la règle) ou de difficultés (de la langue). Sur ce point l'illustration systématique de la catégorie du circonstant est, comme la généralisation du sujet *on*, un des apports pionniers que *LVF* soumet à notre appréciation critique.

---

16. G. Gross, P. Bonnevie, J. Charlemagne 1983. *Découvrir la grammaire au CE1*, Paris : Hachette.

Références

ABEILLE Anne, 2002. *Une grammaire électronique du français*, Paris : CNRS Éditions.

ANSCOMBRE Jean-Claude, 1997. Reflexiones críticas sobre la naturaleza y el functiona-miento de las paranemias, *Paremia*, n° 6 : 43-54.

ANSCOMBRE Jean-Claude, éd., 2000. *Langages* 139, *La parole proverbiale*.

ATTAL Pierre, 1997. Structure 'quantifiante' : illocutionnaire vs locutionnaire, *Langue française* 116 : 115-124.

AUROUX Sylvain, 1994. *L'invention technologique de la grammatisation*, Liège : Pierre Mardaga.

BALIBAR-MRABTI Antoinette, éd., 1997. *Langages* 128, *La synonymie*.

BALIBAR-MRABTI Antoinette, 2002. Exemples lexicographiques et métaphores, *Langue française* 134 : 90-108.

BRANCA-ROSOFF Sonia, 1994. Les couplages simple/élevé ; simple/complexe dans les théories du langage du XVIIᵉ et du XVIIIᵉ siècles, Françoise Lapeyre, éd., *Simple – Simplification, Cahiers du français contemporain*, 1 : 21-40.

CAYROU Gaston, *et al.*, 1939. *Grammaire latine*, Paris : Armand Colin.

CHERVEL André, 1977. *Et il fallut apprendre à écrire à tous les petits français. Histoire de la grammaire scolaire*, Paris : Payot.

CHEVALIER Jean-Claude, 1976. Le jeu des exemples dans la théorie grammaticale, étude historique, *Grammaire transformationnelle : Syntaxe et lexique*, PUL, 233-263.

CHEVALIER Jean-Claude, 1998. Lexique-grammaire et histoire de la linguistique. Un lexique -grammaire : Lesclarcissement de John Palsgrave, 1530 , *Travaux de linguistique* 37 : 143– 154.

CHISS Jean-Louis, 1979. La grammaire entre théorie et pédagogie, *Langue française* 41 : 49-59.

COURTOIS Blandine & SILBERZTEIN Max, éds., 1990. *Langue française* 87, *Dictionnaires électroniques du français*.

DESCLES Jean-Pierre et GUENTCHEVA Zlatka, 1993. Le passif dans le système des voix du français, *Langages* 109 : 13-102.

DUBOIS Jean et DUBOIS-CHARLIER Françoise, 1994-1997a. *Les Verbes français* [LVF], Paris : Larousse-Bordas.

DUBOIS Jean et DUBOIS-CHARLIER Françoise, 1997b. Synonymie syntaxique et classi-fication des verbes français, *Langages* 128 : 51-71.

DUBOIS Jean, 1969. *Grammaire structurale du français, la phrase et les transformations*, tome 3, Paris : Larousse.

FUCHS Catherine, 1996. *Les ambiguïtés du français*, Paris : Ophrys.

GADET Françoise 1989. *Le français ordinaire*. Paris : Armand Colin

GAFFIOT Félix 1910. *Méthode de langue latine, pour la Traduction des Textes, second cycle (A, B, C)*, Paris : Armand Colin.

GROSS Gaston, 1993. Les passifs nominaux, *Langages* 109 : 103-125.

GROSS Maurice 1968. *Grammaire transformationnelle du français, le verbe*, Paris : Larousse.

GROSS Maurice, 1975. *Méthodes en syntaxe, Régime des constructions complétives*, Paris : Hermann.

GROSS Maurice, 1981. Les bases empiriques de la notion de prédicat sémantique, *Langages* 63 : 7-52.

GUILLET Alain et LECLERE Christian, 1992. *La structure des phrases simples en français, constructions transitives locatives*, Genève : Droz.

KLEIBER Georges, 2003. Faut-il dire adieu à la phrase ? *L'information grammaticale* n° 98 : 17-22.

MALRIEU Denise, 2006. La constitution de corpus : ses motivations, les méthodes, les questionnements possibles, Séminaire de l'École doctorale « connaissance, langage, modélisation », CNRS-Modyco, publications en ligne, edclm@u-paris10.fr.

RIEGEL Martin, PELLAT Jean-Christophe, RIOUL René, 1994. *Grammaire méthodique du français*, Paris : PUF.

LECLERE Christian, 1993. Classes de constructions directes sans passif, *Langages* 109 : 7-31.

LECLERE Christian, 2002. Organization of the lexicon grammar of French verbs, *Lingvisticae Investigationes*, XXV, fasc.1., 29-48.

MARCHELLO-NIZIA Christiane, 1999. *Le français en diachronie*, Paris : Ophrys.

REY Alain, 1990. Polysémie du terme définition, *La définition*, Jacques Chaurand et Francine Mazière, éds., Larousse : Paris, 13-22.

REY Alain et Simone DELESALLE, 1979, Problèmes et conflits lexicographiques, *Langue française* 43 : 4-25.

SALKOFF Morris, 1999. *A French-English Grammar, a constrastive grammar on translational principles*, Lingvisticae Investigationes Supplementa 22,

SILBERZTEIN Max, 1993. *Dictionnaires électroniques et analyse automatique de textes : le système INTEX*, Paris : Masson.

WILMET Marc, 1997. *Grammaire critique du français*, Paris : Hachette-Duculot.

ABSTRACTS

Jacques François. Denis Le Pesant et Danielle Leeman : *Présentation de la classification des Verbes Français de Jean Dubois et Françoise Dubois-Charlier.* Les verbes français by Jean Dubois and Françoise Dubois-Charlier (1997) is a shorter copy of an electronic dictionary of French verbs. It is a thesaurus of syntactic-semantic classes, i.e. of semantics classes whose scope is defined by syntax. This work registers 25610 entries for 12310 different verbs. So as to elaborate it, the authors used the classical methods of distributional and transformational grammar. After presenting and illustrating the outline of the work, the theoretical principles it is based on are explained. Our third section describes the method underlying the classification. In the last section we display two possible way of accessing the lexical entries. This dictionary represents an outstanding lexicographical corpus with its broad coverage, the various explicit data registered (subcategorization, lexical selection, transformations, semantics, morphology, synonymy, etc.) and its coherent system to classify and code linguistic properties.

Iris Eshkol et Denis Le Pesant : *Trois petites études sur les prédicats de communication verbaux et nominaux.* Three short studies on some verbal and nominal predicates of communication – We recall in this paper the fact that derivational properties are transformational properties as well. Hence the theoretical possibility of collecting some verbs, nouns, and adjectives into the same syntactico-semantic class of predicates. A few examples are provided of such "extended classes of predicates": the predicates of congratulating and thanking, of manner of speaking, of predicting and of information following a demand. Thus the classification of the French verbs by Jean Dubois et Françoise Dubois-Charlier is confirmed by the properties of the possible nominal counterparts. Moreover, taking the noun properties into account brings in the fore certain syntactico-semantic subclasses the verbs themselves cannot reveal.

Rolf Kailuweit, *La classe P dans « Les Verbes français » et les verbes de sentiment.* This paper deals with the analysis of verbs of emotion of Dubois / Dubois-Charlier 1997 in *Les Verbes français*. Their results will be contrasted with those of Kailuweit 2005. Although the number of verbs is not equal (ca. 2000 in Dubois / Dubois-Charlier 1997 and only 520 in Kailuweit 2005) and the approaches are quite different (syntactic versus semantic), there are interesting parallels, especially as far as the classification of two-place verbs is concerned. Therefore, Kailuweit 2005 could be seen at least in part as a semantic foundation of the classes established by the impressing compilation created by Dubois / Dubois-Charlier 1997.

Dominique Dutoit & Jacques François : *Changer et ses synonymes majeurs entre syntaxe et sémantique : le classement des VERBES FRANÇAIS en perspective.* The dictionary Les Verbes français allows a thorough analysis of the polysemy of most verbs. A close look at its index shows the importance of the division of the headword entry performed by the authors and leads one to wonder about the combination of different syntactic and semantic critera on which these decompositions are based. We focus on the different facets of the verb changer because of its double peculiarity. (1) Although it is the typical representative of the generic "T" class for changes, it displays 19 entries. Thus we assume that the criteria of agent selection are decisive, as suggested by research on this verb by J. Picoche, B. Pottier and J.J. Franckel (§ 1). (2) On the other hand, the primary synonyms for changer do not share this syntactic ubiquity and generally predict specific types of changes (§ 2). The paper finishes with contrasting examples in the lexical entries of changer in Les Verbes français and in two other electronic dictionaries (the Dictionnaire Intégral and WordNet-Fr). In these works the predicative notion of changer appears to be conceptually different according to the properties of agents (§ 3).

Danielle Leeman & Madona Sakhokia-Giraud : *Point de vue culiolien sur le verbe* voir *dans Les Verbes français.* The processing of the verb voir in *Les verbes français* (Dubois & Dubois-Charlier 1997) is compared with that of large dictionaries of the French language, with the lexicological approach developed by J. Picoche and with the analyses and proposals put forward primarily by J.-J. Franckel and D. Lebaud in the theoretical framework of A. Culioli. From this comparison, it appears that with a semantic classification based on syntactic and distributional properties of the language usage, (senses rise out which the intuition has no direct access to) meanings which are not intuitively accessible come to light. That allows the construal of a semantic identity of the verb founded on different theoretical prerequisites.

Sophie Hamon & Danielle Leeman : *Les verbes de cause à partir de l'exemple de* causer. The aim of this contribution is to compare *Les Verbes français* by Dubois & Dubois-Charlier (1997) with several papers dealing with the verbal expression of cause : concept based thesaurus, syntactic verb classification, meaning-text approach. In this way the productivity of these various points of view may be assessed. J. Dubois & F. Dubois-Charlier's works, which results in a semantic classification based on the syntactic and distributional properties of all French verbs, appears to be the most compelling through its tight association of content and expression. It shows that languages establish their own semantic structure which is not equivalent with the referential or conceptual intuition.

Morgane Sénéchal & Dominique Willems : *Classes verbales et régularités polysémiques : le cas des verbes trivalenciels locatifs.* Recent work on verbal polysemy has shown that a typology taking into account syntactic as well as semantic and lexical properties, not only allows us to better understand the link between syntax and meaning, but also offers an operational framework for the description of verbal meaning extensions (cf. Willems : 2002 & 2006). These observations reveal the existence of polysemic regularities within and between lexical classes. However, the discovery of those regularities, presupposes an exhaustive inventory of the syntactic and semantic properties of the verbal lexicon. In this perspective, the verb classification presented by Jean Dubois and Françoise Dubois-Charlier constitutes a particularly useful database. The aim of this contribution is to confront various verbal typologies (Guillet & Leclère: 1992, Dubois & Dubois-Charlier: 1997, Dixon: 1991 and Levin: 1993) in order to propose an integrated definition of the ditransitive locative verbs (mettre, enlever, transporter, laisser …) and to analyse the polysemic extensions specific to this verb class.

Antoinette Balibar-Mrabti : *Phrases simples et exemplification dans Les Verbes français. Une réflexion sur* on *comme sujet.* In this article we think over the use of « on » as the subject of the examples given in *Les Verbes français*, the electronic dictionary compiled by Jean Dubois and Françoise Dubois-Charlier. The frequency of the clitic, which is not part of the dictionary's meta-language (where it is represented by the indefinite "*quelqu'un (qn)*"), corresponds to the fact that the verbal entries are systematically accompanied by examples. As a two-letter word, it is functional within sentences limited to 60 letters. As lexicographic tradition will have it, the examples are very complex, illustrating all the values of that omni-personal pronoun, in particular the equivalence "*on/nous*", which reintroduces theoretically – out of context – factors of deictic interpretation which are left out for the indefinite "*quelqu'un*". The examples thus open up on a new form of modern naturalness of the syntactically and semantically minimal utterance, inseparable from dialogue situations, whose conditions of use connected to the ordinary French of both our written and oral modernity it contributes to codify.